o terror de ser deixada

Psicanálise e Cinema

Amnéris Maroni (org.)
Fabiana Lara
Thaís Leão

SATTVA
EDITORA

contato@sattvaeditora.com.br
www.sattvaeditora.com.br

Editora: **Vivian Lerner**

Projeto gráfico, diagramação
e capa: **Luiz Zonzini**

Revisão e edição de texto:
Leda Beck

O terror de ser deixada – Psicanálise e cinema

Dados Internacionais de Catalogação na Publicação (CIP)
(Câmara Brasileira do Livro, SP, Brasil)

Lara, Fabiana
O terror de ser deixada : psicanálise e cinema /
Fabiana Lara, Thaís Leão; [Amnéris Maroni [org.]. --
1. ed. -- São Paulo :
Sattva Editora, 2021.
ISBN 978-65-86420-04-3
1. Cinema 2. Filmes de terror 3. Psicanálise e
cinema 4. Terror - Aspectos psicológicos 5. Terror e
cinema I. Lara, Fabiana. II. Leão Thaís. III. Maroni,
Amnéris. IV. Título.

21-64028 CDD-150.195

Índices para catálogo sistemático:

1. Filmes de terror : Psicanálise e cinema :
Psicologia analítica 150.195

Maria Alice Ferreira - Bibliotecária - CRB-8/7964

o terror de ser deixada

Psicanálise e Cinema

Amnéris Maroni (org.)
Fabiana Lara
Thaís Leão

Sattva Editora

2021

Agradecimentos

Este livro ecoa muitas vozes e muitas presenças que, todavia, não permaneceram até o fim do projeto. Entre tantas, destaco a psicanalista Patrícia Vieira e a antropóloga Juliana Carneiro. Com elas, com o trabalho, o diálogo e a presença delas, este livro ganhou densidade e enriquecimento.

Também agradeço os que entraram no meio do caminho e ficaram até o fim do projeto: Fabiana Lara e Thaís Leão, que não apenas são autoras/intérpretes de filmes importantes na temática proposta por esse livro, mas também pensaram comigo a breve apresentação, discutiram incansavelmente os filmes que eu escutei/interpretei e também se debruçaram sobre a estética do livro e suas notas de rodapé. Fizeram, enfim, as múltiplas leituras que um livro exige de seus autores para nascer.

Sumário

Prefácio

Veronica Fabrini[1]

Às vezes, há tanta beleza no mundo
que parece insuportável e meu coração
parece que vai sucumbir.[2]

No dia do meu aniversário de 14 anos, eu tive uma briga feroz com minha mãe. Não lembro o motivo. Uma dessas brigas do broto da adolescência, faiscada pelo espaço elétrico e virgem entre o berço e o mundo. Entre o desejo de acolhimento e de espreguiçar as asas, voar do ninho para bem longe, mas com a certeza de ser amada.

Era meu aniversário e, desde que me lembro de mim, as salas de cinema sempre foram meu refúgio, espaço escuro e uterino, espaço do sonho projetado. Esse presente – ir ao cinema no dia do aniversário – era um ritual familiar sagrado. Lembro do cheiro do carpete e da pipoca, da bala de goma,

1. Veronica Fabrini é atriz e diretora teatral. Professora do Departamento de Artes Cênicas da Unicamp desde 1992. Seus campos de investigação são as poéticas da cena, os estudos do imaginário e os processos criativos, de uma perspectiva feminista, decolonial e anarquista.

2. Ricky, personagem do filme *Beleza Americana*, de Sam Mendes.

das crianças correndo pelo espaço imenso ao redor da plateia. Sim, era assim antigamente. Havia um gongo que soava solene enquanto as luzes iam se apagando lentamente e tínhamos que correr para encontrar nossos lugares seguros junto aos pais, antes que o espaço misterioso entre eu e a tela ficasse completamente tingido da mais deliciosa escuridão.

O cinema tinha algo muito parecido com o sonho, um sonho coletivo. Como os cinemas eram na rua, você saía do cinema e ia misturando o filme com os fluxos do mundo. As matinês eram como um sonho ao contrário, pois entrávamos no cinema com a luz do dia e saíamos já de noite. Éramos despejados semidespertos no espaço do real, a rua acesa com as luzes dos letreiros coloridos, pessoas e carros com seus ritmos. O filme ia escorrendo de nós e se entranhando pelo caminho. Era lindo quando, além da noite, a chuva também nos surpreendia, ainda embebidos de ficção.

Pois bem, a briga com minha mãe impediu qualquer acordo. O desejo, mais que isso, a necessidade absoluta de ir ao cinema *nesse* dia, de cumprir o ritual, moveu forças até então desconhecidas para mim. Resolvi ir ao cinema sozinha, saindo de casa completamente sozinha pela primeira vez, planejando com requintes logísticos minha própria rota até o cinema do outro lado da cidade. O filme, previamente escolhido em conjunto com minha mãe, antes da briga, era *Cantando na chuva*. Eu queria viver aquela nostalgia alheia, ver um filme que foi lançado quando minha mãe tinha 14 anos e, quem sabe, sentir o que ela sentiu, comungar com alguma parte dela que para mim permanecia um mistério.

Caminhei até o ponto de ônibus sob uma garoa melancólica, numa tarde de sexta-feira, no inverno do mês de agosto, quando ainda existiam invernos e eles eram frios. Atravessei a cidade em meditação profunda, sentada nos bancos de trás, com heroica e leonina tristeza. No cinema, numa plateia quase vazia, bem munida com dois sacos de balas jujuba, me sentei como ainda gosto, bem na frente. O gongo tocou, as luzes foram sumindo, me transportando inteira para *um outro lugar.* O ritual, ainda que com a variável de eu estar sozinha, se cumpria parcialmente. E era *só* um musical de Hollywood.

Antonin Artaud, esse grande mago da cena e da arte, caminhante voraz dos labirintos do inconsciente, amava o cinema:

> (...) julguei que o cinema possuía uma substância própria, verdadeiramente mágica, verdadeiramente cinematográfica, que ninguém ainda havia pensado em separar. Esta substância, distinta de toda espécie de representação ligada às imagens, participa da própria vibração e do nascimento inconsciente, profundo, do pensamento (ARTAUD 1995, *Cahiers...* p. 179).

Em outro texto do autor, *Feitiçaria e cinema*, ele é categórico:

> O cinema é revelador de toda uma vida oculta, com a qual nos coloca diretamente em contato. (...) Se o cinema não é feito para traduzir os sonhos ou tudo aquilo que na vida desperta se assemelha ao domínio dos sonhos, o cinema não existe (ARTAUD 1995).

Num outro fragmento provavelmente escrito na época em que aderiu ao Surrealismo, assim observa essa ligação profunda entre cinema e inconsciente:

> O cinema implica uma subversão total de valores, uma desorganização completa da visão, da perspectiva, da lógica. É mais excitante que o fósforo, mais cativante que o amor. (...) Exijo, portanto, filmes fantasmagóricos, filmes poéticos, no sentido denso, filosófico da palavra; filmes psíquicos (ARTAUD 1995).

Pode parecer um contrassenso ver algum "sentido denso" em *Cantando na chuva*, esse musical de sucesso cheio de sapateados, canções românticas e muito bom humor. Mas sabemos que não é assim. Não se trata do filme em si (ainda que seja um clássico impecável e divertidíssimo), mas de nossa relação com ele. Como minha adolescência coroada naquele dia, *Cantando na chuva* falava do momento de transição. Para mim, da casa ao mundo, no filme, a passagem do cinema mudo para o cinema falado, passagens de um estado de comportamento e representação a outros, novos, desconhecidos, desafiadores e... muito excitantes. Falava de atores e papéis, de ser e de fingir ser, de exterioridades e interioridades. Filmes que falam de filmes, que revelam os avessos do artifício com mais artifício, trançando o real com cada vez mais camadas de ficção, criando dobras e dobras de ficção até dissolver a realidade em outros possíveis, em linguagens, em perspectivas, em modos de sentir-pensar o mundo e a vida.

Como o total avesso do que você vai encontrar neste livro perturbador, o filme falava do humor e do amor e suas sucessivas ilusões, máscaras e metamorfoses. Quando Don Lockwood, iluminado de paixão, se despede com um beijo de Katty à porta de sua casa, ela diz para ele se cuidar com a chuva, agora que é um cantor famoso. Ele, sem se importar com a chuva, responde, "onde eu estou, o sol está brilhando em todo lugar". Nunca um clichê soou tão doce. Ele dispensa o táxi que o esperava e canta, e dança na chuva. *What a glorious feeling, and I´m happy again! I´m laughing at the clouds, so dark up above, the sun's in my heart, and I´m ready for love!* Eu sentia que o filme era minha mãe falando comigo. Minha mãe era a chuva que me movia, sozinha pela cidade. Ela estava lá, com seus 14 anos, época em que o filme foi lançado, assim como eu, com meus 14 anos, cantando na chuva. O ritual estava completo. Mas eu estava só.

Saí do cinema e já era noite. Pisei na calçada ainda com a alma dançante e assim fui, até o ponto de ônibus, derramando o filme pela rua molhada de garoa paulistana. Era o ano de 1974 e enquanto eu voltava para casa, me sentindo completamente adulta, os rostos cansados e tristes dentro do ônibus me diziam que eu não estava em Hollywood. Estava num país racista e machista, vivendo sob uma ditatura, armada, amparada e financiada pelos compatriotas de Gene Kelly. Pelo caminho, pensava em minha mãe. Tentava lembrar o motivo da briga, mas tudo que me vinha a mente eram os fios de conversas em voz baixa onde eu a escutava falando da situação do país, de censura, de tortura, enfim... era 1974.

Hoje os filmes não se misturam dessa forma com o mundo. Saímos do cinema – quando vamos ao cinema – e estamos dentro de um shopping center igual a todos os shopping centers do mundo, com a mesma iluminação – não importa a hora do dia –, a mesma temperatura, as mesmas lojas. Ou assistimos na tela plana, no celular, interrompendo aqui e ali. Não há a mágica da projeção. Assim, não deixamos o filme falar. Falta o ritual. Por isso sugiro ao leitor que, seduzido por esse livro, veja ou reveja cada filme, ritualizando o momento de fruição, numa sala escura como um útero, na qual a "substância própria, verdadeiramente mágica" do cinema possa cumprir sua alquimia e falar com nossa alma, de imaginário para imaginário, numa dupla contaminação. "Alianças inconscientes." Só assim perceberemos as imagens como seres vivos que nos falam coisas. E muitas vezes essa fala pode ser um chamado, um alerta.

No mesmo fragmento citado acima, Artaud prossegue:

> O cinema exige temas excessivos e uma psicologia minuciosa. Exige a rapidez, mas sobretudo a repetição, a insistência, a reiteração. A alma humana em todos os seus aspectos. No cinema, somos todos *[aqui há uma lacuna no documento]* e cruéis (ARTAUD 1995).

Quantas palavras caberiam nessa lacuna? Se minha memória a preencheu com as palavras "inocentes" ou "ingênuas", esse livro nos leva para a dimensão dos "cruéis", pois se trata de *vínculos mortíferos.* O livro tece atravessamentos entre mães e filhas no seu vínculo imediato primeiro, carnal, e vai ampliando da família à pátria, ou melhor, à mátria, quer como o colo silencioso e presente de uma índia Cheyenne, em *Álbum de Família*, quer como as canções das cordilheiras chilenas de *Violeta Parra*, as montanhas e minas de Minas, cavadas pelo sangue negro de *Vazante,* ou a matriarca morta e o Museu em *Bacurau. Adèle* escrevia, *Camille* esculpia, Charlotte era pianista, Violeta cantava, escrevia, pintava e bordava – mulheres criadoras, artistas, apanhadas no visgo patriarcal do que deve ser uma mulher ou uma mãe. Óbvio, mas não menos impressionante: todos nascemos de uma mãe e estamos numa mátria, sujeitos a uma atmosfera cultural, uma *psicosfera* cultural. Somos e estamos.

Num esplêndido arco que vai de Branca de Neve nas florestas negras do Norte a Lunga no sertão de Bacurau, o livro nos faz mergulhar no Sul. No Sul da alma, dos arquétipos e dos afetos; no Sul do corpo, os desejos e as memórias; e no Sul da cultura, a natureza, a mãe. Ainda que os vínculos sejam mortíferos dentro e fora de nós, tão terríveis e perversos quanto a família e a ditadura em *O Clã*, ou a orfandade e o sistema de castas em *O Tigre Branco*, ainda há algo *por baixo*, a nos mostrar "essa vida toda por trás das coisas": a Beleza. Mas uma qualidade singular de beleza, talvez um outro modo de dizer *epifania*, que tanto nos torna únicos quanto nos dissolve no mundo. Como diz Balram em *O tigre*, "no momento em que reconhecemos o que é belo neste mundo, deixamos de ser escravos". Uma beleza de singularidade cristalina, que nos atravessa e nos move em direção a alma, que nos devolve a alma, "sustentação no *invisível* de onde a vida brota e perece", tão simples e reveladora como um saco plástico a dançar no vento.

Breve apresentação

Amnéris Maroni

O *Terror de ser Deixada,* título de um dos capítulos deste livro, discute muitos aclamados filmes sobre as alianças/vínculos entre mães e filhas (*Branca de Neve, Adèle Hugo, Camille Claudel, Violeta Parra, Álbum de Família, Grey Gardens, Sonata de Outono*). Também os discute na família (*Beleza americana* e *O Clã*), na sociedade e na política (*Vazante*). Grandes diretores, grandes filmes sobre alianças e vínculos inconscientes, tanáticos e muito mortíferos. Deixa para o fim o exercício de utopia e liberdade: *O Tigre Branco* e *Bacurau*. Nesse último, a chave interpretativa até então usada – a psicanálise – é abandonada: Bacurau só pode ser escutado e pensado pelas lentes de Gilbert Simondon.

Livro escrito por três integrantes da área psi: Fabiana Lara, psicóloga, Thaís Leão, psicanalista, e eu, Amnéris Maroni, psicoterapeuta. Somos todas abertas a uma clínica plural inspirada em Christopher Bollas.

O conjunto dos filmes que compõem *O Terror de Ser Deixada* não foi planejado por nenhuma de nós, intérpretes dos filmes. O critério para que um filme integrasse o livro era seu impacto nos afetos de quem se interessasse por ele. Como um ser vivo, o filme precisava querer contar algo para um de nós; algo não nomeável, clamando por ser ouvido. Foi este o vínculo entre as escutadoras/intérpretes e os filmes: a escuta dos indizíveis querendo ser decifrados. Em todos os filmes selecionados, o tema das alianças inconscientes é perceptível no intrapsíquico, no intersubjetivo e no transubjetivo – e esses três vértices não nos escaparam graças a contribuição de René Kaes, psicanalista contemporâneo.

Discutimos longamente em grupo, apreciamos os filmes juntas, empacamos, desistimos por um tempo, voltamos a nos reunir com novas ideias, buscamos bibliografia complementar. Nos arriscamos muito.

O grupo de trabalho que compôs este livro não se acomoda à ideia de "aplicar a psicanálise"; pensa mesmo que as teorias da psicanálise não devam ser "aplicadas" aos pacientes, aos filmes, aos fenômenos culturais. A escuta e a afetação convocam o pensamento emocional, a livre associação, *insights*, e não a aplicação de qualquer teoria! *Pensamentos vivos* compõem melhor com a *vida processual e em transformação.*

Teorias psicanalíticas são, para Bollas, percepções. Traduzindo-o, diríamos que quanto mais pudermos ressoar as percepções teóricas, mais seremos capazes de pensamentos emocionais – e não o contrário! Nas pegadas de Bollas abrimo-nos para o *pluralismo teórico* na psicanálise. Em 1998, em uma entrevista para a *Revista Percurso*, do Sedes Sapientiae, Christopher Bollas disse que a formação do analista deveria contemplar as várias escolas de psicanálise (S. Freud, J. Lacan, M. Klein, D. Winnicott, W. R. Bion, H. Kohut etc.) e os seus principais comentadores. Defendendo a pluralidade teórica, Bollas estava pondo em questão as "escolas de psicanálise" e, mais precisamente, a guerra entre essas escolas, que atravessou o século XX e ainda persiste. A defesa desse pluralismo é uma das mais preciosas contribuições desse psicanalista estadunidense, há muito residente no Reino Unido.

Há outros motivos presentes em Bollas que sustentam e defendem o "pluralismo teórico". Quer com nossos pacientes/clientes, quer com os protagonistas dos filmes, estamos lidando com *singularidades*, com o *idioma pessoal*, com o *self verdadeiro*, e a escuta do singular pressupõe pensamentos emocionais, *insights*. Para Bollas, a escuta de singularidades *vivas*, em transformação e em processo de desdobramento não demanda propriamente interpretações de qualquer "boa escola de psicanálise" para ser compreendida, mas sim *insights*, livre associação, pensamentos. Só assim podemos nos aproximar da vida que não para, não para de se transformar, de ser processada através de relações. Do "berço ao túmulo", aposta Bollas, desdobramos o *self* verdadeiro através da evocação e seleção dos objetos do mundo e sentimos um prazer muito especial ao fazê-lo: *jouissance*.

Para Bollas, a mente é povoada, é um parlamento, uma democracia. Quanto mais povoada, mais capaz de pensar, porque pensar, diz ele, é livre associar. Interpretação não é sinônimo de *insight* e o que lhe interessa são os *insights* do analista e do analisando. A mente não só evoca, mas cria novos objetos analíticos, texturas emocionais, cria as *generas* – pontos fixos ao redor dos quais nuvens de associações crescem e se associam sendo capazes de criar novos sentidos, novas possibilidades existenciais. É o pensamento inconsciente de ambos (analista e analisando) e a criação de *skills* inconscientes, entre eles as famosas *generas* que interessam Bollas. Precisamos de uma "teoria das relações do sujeito" que reconheça o idioma único de cada pessoa... Acessar o idioma pessoal e cultivar a criatividade inconsciente é o objetivo da psicanálise bollasiana.

Este livro é um exercício vivo da clínica plural: por meio de uma escuta meditativa do *self* enquanto forma, deixamo-nos impressionar pela estética do idioma dos protagonistas, seus gestos, suas mensagens não ditas, a atmosfera emocional que os circunda e como todos esses e outros aspectos sutis nos tocaram e nos tocam. Valemo-nos dessa comunicação profunda a todo tempo, a qual possibilitou caminhos para que a estética dos filmes e dos protagonistas entrasse em ressonância com nossa estética de escutadoras. Essa ressonância foi a comunicação privilegiada que adotamos nesta clínica plural e isso, com certeza, foi inspirado por Christopher Bollas. Os olhares presentes neste livro, tecidos por nós, deixam claro como as palavras são insuficientes frente ao campo emocional muito mais vasto a que tivemos acesso. Ainda assim, foram as palavras que traduziram as experiências vividas a partir dos encontros com diversos idiomas, para além do nosso próprio, tornando este livro possível.

Diante da realidade que hoje compartilhamos, onde as alianças inconscientes mais mortíferas de todas – antropocentrismo, patriarcado e capitalismo – escancaram seu horror a cada dia, *O Terror de Ser Deixada* é também um manifesto de amor à vida e suas mais variadas formas de existência. Como Judith Butler nos ensina e inspira, o corpo não começa e não termina em sua materialidade. Vivemos contextos políticos heteronormativos e binários, sustentados pelas ideias de gênero, sexo e sexualidade, cujas normas legitimam alguns tipos de existência e negam outras. Ainda que nos tenhamos valido de palavras como "mãe", "pai", "mulher", "homem", "filha", "feminino", entre outras, em nossas interpretações, é válido registrar que reconhecemos suas limitações. Convocamos, portanto, a todos e todas – e a nós mesmas – para o exercício do alargamento do sentido como ato de resistência, pois sabemos da importância da luta pela liberdade dos corpos (e das vidas) e do abismo existente entre ela e os discursos científicos, também psicanalíticos, que não abrirão mão tão cedo do *modus operandi* da civilização ocidental.

Não pudemos obviamente livre associar, trocar *insights* e pensamentos emocionais com os protagonistas dos filmes, nem com os seus diretores mas, com certeza, trocaremos com nossos leitores! Nosso caminho, a clínica plural, nossa liberdade de imaginar, fantasiar, criar, pensar no sentido bollasiano evocará em nossos leitores novas possibilidades existenciais para estar no mundo e para clinicar. É aí que reside a nossa esperança.

I

Alianças mortíferas entre mães e filhas

O Terror de Ser Deixada

Branca de Neve, Adèle Hugo, Camille Claudel e Violeta Parra

Amnéris Maroni

...e o terror de ser deixada.
Cutucando, relembrando, reabrindo.
A mesma velha ferida...[3]

1

É UMA PENA, MAS VOCÊ NÃO VALE A PENA...

A composição *Não vale a pena*, de Jean Garfunkel, na interpretação de Maria Rita, traduz com sutilezas um dos terrores femininos: o de ser deixada – e aqui o "deixada" é lido como rejeitada!

Alguns homens muito femininos também padecem dessa dor, mas definitivamente essa dor é feminina. É esse terror, como sintoma, que povoa os consultórios de psicanálise e que tem sido uma das bases da minha "escuta analítica".

---

3. Da canção "Não vale a pena", de Jean Garfunkel, interpretada por Maria Rita.

E a composição também complementa o quadro sintomático com outras pérolas, como a *circularidade*. Na sua sensibilidade feminina, Garfunkel termina a composição com estes versos: "Que é *uma pena/ Mas você não vale a pena*". E inicia com:

Ficou difícil
Tudo aquilo, nada disso
Sobrou meu velho vício de sonhar
Pular de precipício em precipício
Ossos do ofício
Pagar pra ver o invisível
E depois enxergar

Quem sente essa dor, quem sente essa ferida, o terror de ser deixada, vive esse movimento *circular*: a desvalorização do outro, esse outro que, supõe-se, é o autor da dor: "você não vale a pena", "não vale uma fisgada dessa dor", "não cabe como rima de um poema", "de tão pequeno" – e então se inicia de novo o ciclo inteiro, com o mesmo objeto erótico depois de uma separação ou com um novo objeto erótico e a reprodução do mesmo script de angústia e dor, pois o que resta da experiência vivida não é uma *aprendizagem emocional,* mas o "velho vício de sonhar".

É bem interessante prestar atenção nesse momento deste drama-que-pode-ser-trágico: não há *aprendizagem emocional* porque, pelo menos de acordo com a minha compreensão, localiza-se erradamente o *autor da dor*! Então, só com o "velho vício de sonhar" – com muito pouco acesso, às vezes nenhum acesso ao real – volta-se a "pular de precipício em precipício". Os próximos versos são decisivos: "pagar pra ver o invisível e depois enxergar". Quem assim se lança quer ver o invisível e há uma pergunta que move o jogo erótico todo; pressente-se uma verdade que se oculta e então arrisca-se o escuro, o invisível, para ter alguma resposta, e só aí enxergar. A resposta – o sentido da experiência emocional –, porém, não se dá!

Aliás, a ferida, o terror de ser deixada, só se aprofunda e não encontra solução, não encontra sentido e significado, e a cada repetição do ciclo – com o mesmo objeto erótico ou com uma série de objetos eróticos escolhidos a dedo para encenar e reproduzir o mesmo enredo –, a ferida aumenta, a velha ferida, porque aumenta o ódio e o rancor e também, claro, a impotência. Eis que a desvalorização – "você não vale a pena" – não tem qualquer eficácia, pois você "vai e vem e envenena e me condena ao rancor" e "eu me sinto uma imbecil". Repetindo, repetindo, repetindo. Como num disco riscado. O velho texto batido – e é exatamente o aumento do ódio e da impotência que potencializa o "terror de ser deixada", cutucando, relembrando e reabrindo a mesma velha ferida.

2

Na base da "velha ferida": nostalgia do que não houve, amálgama entre objeto erótico e objetos primários, vínculo fusional.

É preciso não mais "pagar para ver", é preciso parar de "pular de precipício em precipício" – uma espécie de "fundo do poço" tipicamente feminino – e só então, claro que nem sempre, as mulheres vêm para o consultório de psicanálise e, quando chegam, já se valeram de todo um arsenal – bem pouco sutil e refinado – de manipulações, espionagem, um conjunto bem articulado de paranoias e, claro, muito sofrimento psíquico.

Neste capítulo indicaremos, mas não investigaremos a fundo o que leva o feminino, em particular, a sofrer tanto pelo "terror do abandono".

Não raro, através do *encontro erótico*, atua-se a nostalgia de um outro tipo de encontro íntimo – referimo-nos à relação entre mãe e bebê. Sucessivos encontros eróticos seguidos de sucessivas decepções renovam, a cada vez e todas as vezes, a intensa esperança de ser, de existir, de encontrar um olhar que espelhe.[4]

Lembremo-nos que o bebê winnicottiano diz: "Olho, sou

4. Inspiramo-nos na "nostalgia do que nunca existiu" e na atuação dessa nostalgia no amor erótico, elaborada no blog *O olho que nos olha nos olhos*, de Marcelo Novaes. Disponível em: <http://olhoanalitico-marcelo-novaes.blogspot.com.br/≥. Acesso em: 8 jul 2013.

visto, logo existo" (WINNICOTT, 1975). A conquista - sim, porque, para Winnicott, trata-se de uma conquista emocional - de se sentir existente, de ter continuidade, de se sentir real depende de uma "mãe suficientemente boa" (ABRAM, 2000, mas a expressão é de Winnicott), que olhe o bebê como um *outro*, reconhecendo-o e trazendo à tona suas potencialidades, ofertando-lhe existência e realidade.

Nem sempre os bebês têm essa sorte e, não raro, personalidades não constituídas fazem trajetórias de intenso sofrimento psíquico, buscando em lugares equivocados aquilo que jamais tiveram. Atuam nostalgicamente o que não viveram! Nesse primeiro caso, o ego é muito pouco integrado e *não há* propriamente objetos internos constituídos; há, poderíamos dizer, uma pulsionalidade viva que anseia por ganhar uma espécie de pele, um invólucro; uma pulsionalidade viva que anseia por se tornar um objeto interno. Sou uma "ferida viva", uma "ferida aberta", é assim que se descreve quem vive esse sofrimento.

Uma vez frustrada, a atuação nostálgica do que nunca houve (movida a esperança) produz um sofrimento psíquico tão intenso e uma regressão tão radical que é difícil nomear um sofrimento emocional mais agudo. E, todavia, repete-se, porque é impossível, obviamente, encontrar a cura para essa dor no amor erótico!

Esse tipo de *encontro erótico* é o mais regredido entre os possíveis casos de amor. Não raro me perguntam: mas isso é amor erótico? Penso que sim: é amor erótico primitivo, não é obviamente amor erótico maduro (BALINT, 1993).

As mulheres tendem a localizar o autor da dor, da ferida do abandono, no lugar errado: no parceiro, no objeto erótico. Ora, o grande vilão, em geral, *não* é o objeto erótico que, misteriosamente, insiste em partir, pois, comumente, o vilão não faz senão "rememorar" - inconscientemente - relações primárias, com objetos primários, mãe/pai, e de alguma estranha maneira guarda traços desses objetos. É nesse reencontro atuado, é nessa repetição de um tipo de vínculo, que habita a dor. E, claro, nesse caso já estamos frente a conquistas fundamentais, pois já há objetos internos constituídos, o ego está muito mais integrado.

Também aqui, porém, há um amálgama entre objetos primários e a busca erótica; e, então, a personalidade precisa ganhar uma constituição mais sofisticada e diferenciar-se mais. Quando há frustração erótica, frustração da relação, o sofrimento psíquico não se compara à *nostalgia do que não houve* - antes discutida - e a regressão não chega aos níveis da possibilidade anterior. Muito embora também aqui a regressão seja violenta.

Não raro, quem tem essa "velha ferida" - o terror de ser deixada - estabelece vínculos fusionais, ocnofílicos, na compreensão de Balint (1993). Esse tipo de vínculo por fusão é muito primitivo: quem se funde, curiosamente e, claro, inconscientemente, o faz para se proteger, esperando que dessa forma o outro não parta, o outro não o abandone!

Ora, a fusão, como o próprio nome diz, não permite nenhum distanciamento e, então, o vínculo torna-se insuportável em um curto espaço de tempo. Esse tipo de vínculo é comum para *os que atuam nostalgicamente o que não houve* e também para os que "rememoram", atuando os objetos primários amalgamados ao objeto erótico. Todavia, a radicalidade do vínculo fusional é muito diferente em ambos: no primeiro caso, é muito mais radical e o corte do vínculo fusionado é simplesmente devastador (FIGUEIREDO *et al.*, 2012).

Escolhas eróticas que se dão a partir da *nostalgia do que nunca existiu* ou de "rememorações" – atuadas – de relações primárias, inconscientes e fusionadas, tendem a ser, não por acaso, profundamente apaixonadas: o paraíso na terra e, em seguida, também, o inferno. O paraíso acaba bem rápido, o inferno dura bastante e, não raro, como veremos, tende a ser catastrófico.

3

Desamparo do ego ou destinação trágica

Vamos *descrever* de maneira densa o que as mulheres fazem para evitar esse terror. Começaremos a discussão com a versão modernizada de *Branca de Neve e o caçador*, dirigida por Rupert Sanders (2012). Em seguida, discutiremos *A história de Adèle*, interpretada por Isabelle Adjani, com direção de François Truffaut (1975); *A paixão de Camille Claudel*, direção de Bruno Nuytten (1989), com Isabelle Adjani e Gèrard Depardieu; e o filme *Camille Claudel, 1915*, dirigido por Bruno Dumont (2013) e interpretado por Juliette Binoche e Jean Luc Vincent. Sobre Violeta Parra, assistimos e refletimos sobre *Violeta foi para o céu*, dirigido pelo sensível Andrés Wood (2011) e interpretado por Francisca Gavilán.

Com exceção do primeiro filme, todos os demais são histórias reais e serão acompanhadas também por biografias qualificadas.

3.1
A Bruxa Má e Branca de Neve[5]

A Bruxa Má, Ravenna, explicita uma defesa importantíssima que a tornou inimiga de Branca de Neve. Um minuto antes de matar o rei, pai de Branca de Neve, ela nos conta, a nós, espectadores, parte de sua história: ela conhece os homens; ela sabe que, quando a beleza das mulheres acaba, os homens as deixam, as rejeitam, não mais se interessam por elas; então, armou a mais terrível das defesas! Vamos, pois, ao diálogo da bruxa má com o rei na noite de núpcias:

> **REI:** Você será a minha destruição.
>
> **RAINHA:** Certamente, meu senhor. Eu já fui levada à ruína por um rei como o senhor, eu substituí a rainha dele e ela era muito velha, e com o tempo eu também seria substituída. Os homens usam as

5. Na versão dirigida por Rupert Sanders, um rei viúvo, pai de Branca de Neve (Kristen Stewart), casa-se com Ravenna (Charlize Theron) que, rapidamente, mata o rei, apodera-se do reino e trancafia Branca de Neve numa masmorra. Ameaçada pela beleza da jovem, Ravenna decide arrancar-lhe o coração. Branca de Neve foge e é ajudada pelos sete anões e pelo caçador Eric (Chris Hemsworth), contratado por Ravenna para trazer de volta Branca de Neve.

mulheres, eles nos levam à ruína e depois simplesmente nos descartam e nos jogam aos cães como se fôssemos sobras.

REI: *(gemendo)* O que você me deu?

RAINHA: Quando uma mulher consegue permanecer jovem e bonita para sempre, o mundo é dela! Primeiro, eu tirarei sua vida, meu senhor, depois usurparei seu trono.

A Bruxa Má ficará bela, a mais bela e para sempre, nunca envelhecerá. Será eterna e então evitará o pior dos tormentos femininos: nunca mais será rejeitada, nunca mais será deixada por homem algum! Ao contrário disso, terá todos eles aos seus pés e os destruirá a todos e para sempre. Que defesa é essa?

Neste momento, a desenhamos desde a inveja, o ressentimento, a vingança, e muita força destrutiva, como armas iniciais na constituição dessa defesa. Percebam os leitores que a defesa é, no caso da Bruxa Má, quase consciente; dizemos "quase", porque ela não tem compreensão do que a defesa significa. Por ser uma defesa auto-ativada e quase consciente, não é menos letal. Diríamos que, ao contrário, por ser uma defesa auto-ativada, uma espécie de *método do ego* para evitar o pior dos tormentos, a "velha ferida" feminina, é muito difícil de *des-ativar* e flexibilizar. Automática, uma espécie de segunda natureza, essa defesa é da ordem do conhecido não pensado (BOLLAS, 1987). Exatamente porque a defesa da Bruxa Má é poderosa, podemos supor que o ego dela é muito fraco. Sabemos, está claro, que um ego assim enfraquecido e defendido não desenvolveu um *aparelho de pensar* (BION, 1994). Então não pensa nada. A Bruxa Má não é, pois, um ser pensante, é um ser defendido, um ser fortaleza. Isolada, narcísica, só conta com as forças da morte. Mais e mais masculina, exercita-se no poder e na morte. Ansiando pela eternidade, recusa o feminino, o sentimento, o amor e também a finitude. Inimiga da finitude e do feminino, cedo ou tarde será derrotada.

Um detalhe do conto de fadas é precioso para que possamos compreender como funciona essa defesa auto-ativada e quase consciente. Como já dissemos, inveja, ódio, ressentimento e vingança são os elementos que compõem a defesa, mas ainda não são a defesa.

Para Bion (1994), grande autor da psicanálise inglesa, a mente conta com a "parte psicótica" e com a "parte não psicótica" e ele supõe um interjogo entre as duas partes.[6] Até aí, estamos vivendo um padrão de normalidade, pois todos nós vivemos esse interjogo. A patologia começa quando há uma *barragem defensiva* (SAPIENZA, 1992) entre as duas partes da mente e/ou da personalidade. Quando tal se dá, o interjogo acaba e a "parte psicótica" da mente – no caso, a Bruxa Má e, nela e com ela, a onipotência, a inveja, o ressentimento a vingança – se enrijece e ganha hegemonia.

É assim mesmo que podemos ler a Bruxa Má e agora explicitamos o precioso detalhe: a vida como um todo seca no reino, pois, doravante, no reino todo predomina a morte. A Bruxa Má precisa de mais e mais "vida viva" do reino – da

6. Ver também WOLFF (2012).

personalidade como um todo – para manter a sua defesa auto-ativada e quase consciente. Então, um ciclo infernal passa a existir: a defesa auto-ativada e quase consciente reforça a *barragem defensiva* e com isso a parte psicótica da mente ganha mais e mais força. O reino – a personalidade como um todo – torna-se cada vez mais sombrio e mortífero. É exatamente assim que funciona quando a *barragem defensiva* elimina o interjogo na mente.

Ora, ainda resta uma esperança, resta Branca de Neve e os Sete Anões, resta ainda o caçador! Vamos então a eles.

Branca de Neve é a parte "não psicótica da mente". Ela é a Vida, diz o anãozinho sábio quando Branca de Neve vai ao encontro do cervo que só se deixa ver e admirar pela fonte da Vida que é Branca de Neve. Vamos citar o belo diálogo entre os anões e o caçador – que ainda não reconhece Branca de Neve:

> **UM ANÃO**: O cervo branco reverenciou a princesa, pai.
>
> **ANÃO SÁBIO**: Ele a está abençoando.
>
> **CAÇADOR**: Do que estão falando?
>
> **ANÃO SÁBIO** (rindo): Você tem olhos, caçador, mas não consegue enxergar. Você é quem esteve mais tempo com ela. Ela é a própria Vida, ela vai curar a terra, ela é a escolhida. Não estão sentindo? Seus males não se curaram? Com ouro ou sem ouro, para onde ela for eu vou...

Como fonte da vida, Branca de Neve é profundamente empática e pode receber sinais da natureza como um todo

– os pássaros a guiam em direção à liberdade, por exemplo. É essa relação empática com a natureza que salva Branca de Neve da masmorra e que a aproxima do cervo branco, símbolo sagrado da vida, que se faz visível para ela.

Branca de Neve, a vida finita e eterna, pode amar e ela é amada, no filme, pelo caçador, o arguto caçador que não se deixa enganar pelas ilusões da floresta sombria e, então, não se deixa enganar pela Bruxa Má. Ele não é ingênuo e até obnubilado como são os seres do reino – lidos por nós como habitantes da "parte psicótica" da mente. Quando essa parte ganha hegemonia, já vimos, todos os recursos do reino – da personalidade – são sugados pela e para a "parte psicótica". Mais do que isso, quando a "parte psicótica da mente" domina, a sagacidade, a astúcia natural, a inteligência e o pensamento tornam-se banais. A cisão da personalidade, no conto de fadas, termina com a vitória da fonte da vida, Branca de Neve, e a sagacidade do caçador: vencem a Bruxa Má e a sua defesa auto-ativada e quase consciente.

O conto de fadas estabelece a cisão – Bruxa Má e Branca de Neve, parte psicótica da mente e parte não psicótica da mente, respectivamente – e a desfaz de forma mágica, fazendo com que a parte não psicótica da mente triunfe.

Não é bem assim que acontece na vida, no consultório! Se a Bruxa Má fosse a um consultório de psicanálise juntamente com Branca de Neve, seria preciso que, num longo trabalho analítico, a defesa auto-ativada e quase consciente da Bruxa Má se tornasse consciente e, então, ela seria convidada a parar de ativá-la. Também a convidaríamos a enfrentar o seu grande terror, o de ser deixada pelos homens, lembrando-a de que eles, os homens, não são os *autores da sua "velha ferida"* e de que, possivelmente, ela está atuando a "nostalgia do que nunca houve" e, com a nostalgia, o medo brutal de que a sua esperança se frustre mais uma vez e de que, com essa frustração (justo ela, que ainda não tolera a frustração!), seja jogada não aos cães, mas à regressão brutal e ao desamparo. Um longo trabalho analítico poderia sustentá-la e não a deixar cair no cruel desamparo, como sugere o psicanalista Christopher Bollas no seu livro *Catch them before they fall* (2013).

Se fosse bem sucedida, nesse longo trabalho, a Bruxa Má daria as mãos para Branca de Neve que, como símbolo sagrado do feminino, aceita a finitude e sabe que é exatamente a finitude que é eterna. Já não teria "terror de ser deixada" e já não veria os homens da mesma maneira, pois teria compreendido que eles não são os *autores da "velha ferida"* e que, possivelmente, era ela que os obrigava a agirem da forma como agiam, pois eles não encontravam nela o que eles mais procuravam: o feminino e a compreensão da finitude!

Talvez a finitude seja o conhecimento, a sabedoria mais profunda que uma mulher pode ofertar a um homem. Com isso, a Bruxa Má perderia suas forças, a *barragem defensiva* ganharia muitos furinhos, se tornaria porosa e o interjogo entre as duas partes da mente – a parte psicótica e a parte não psicótica – recomeçaria.

3.2
Adèle Hugo

A história infeliz de Adèle Hugo – história real – só poderia ter sido narrada por um grande diretor como F. Truffaut, arguto no drama emocional e psicológico de seus personagens. Após o golpe de estado de Louis Napoléon Bonaparte, em dezembro de 1851, Victor Hugo e sua família seguem para o exílio. Adèle suporta mal este período (primeiramente em Jersey e depois em Guernsey, ilhas do Canal da Mancha, dependentes da coroa britânica) e faz um luto difícil por sua irmã Léopoldine, falecida precocemente aos 19 anos. Ainda em 1851, ela mostra os primeiros sinais de perturbação psíquica. Só nos interessa o vínculo emocional que Adèle estabelece com o tenente Albert Pinson:[7] conhece-o durante o exílio dos Hugo em Jersey, apaixona-se por ele e, ao que parece e ainda que brevemente, ele também por ela.[8] Segundo o biógrafo de Adèle, Victor Hugo não dá o

7. Este também é o foco do filme de Truffaut, que teve por base os diários íntimos de Adèle Hugo.

8. De acordo com a biografia de Adèle escrita por Henri Gourdain (2003), podemos retraçar os contornos deste breve romance. Ambos se conhecem no ano de 1854, em Jersey, em uma sessão de *table tournante* (ritual do espiritismo para dialogar com os espíritos, ao qual os Hugo eram assíduos frequentadores). No mesmo ano, Pinson janta na casa dos Hugo e flerta com Adèle; o flerte e o romance entre eles despertam os ciúmes de Auguste Vacquerie, irmão do falecido marido de Léopoldine e pretendente de Adèle (os pais da moça incentivavam fortemente a relação com Auguste). Há encontros e escritos vários entre os amantes, mas pouco depois Pinson é chamado por seu batalhão e parte de Jersey. Deixa em Adèle a sensação de abandono. Segundo o biógrafo, é possível que Adèle e Pinson se tenham encontrado algumas vezes entre a partida do tenente de Jersey e a viagem que Adèle empreendeu sozinha a Southampton em 1861 para visitá-lo (p. 211-213 da biografia). Essa visita teria sido extremamente decepcionante para a moça e, no entanto, neste mesmo ano ela de-

seu consentimento para que eles se casem[9] por causa do "caráter" de Pinson, envolvido com jogos, dívidas e mulheres. O tenente parte e Adèle deixa a família e segue Pinson, que não tem nenhuma sensibilidade em relação às expectativas amorosas da jovem. O amor vira obsessão e Adèle mergulha na loucura. Afastada da família, perseguindo Pinson no Canadá, mais precisamente na capital da província canadense de Nova Escócia, Halifax, e depois na Ilha de Barbados, a mais oriental do Caribe, assistimos à sua lenta e tristíssima decadência. Musicista e escritora, Adèle morre no manicômio em 1915: mais de 40 anos de internação.

Isabelle Adjani encarna magistralmente a filha de Victor Hugo e nos permite acompanhar a fuga — fuga de si mesma! — de Adèle atrás de Pinson e sua decadência. A leitura da biografia de Adèle leva-nos a considerar igualmente que, ao seguir Pinson até o Novo Mundo, ela não fugia apenas de si mesma, mas de sua família, particularmente do pai, que sufocava sua autonomia e a constituição de sua singularidade.[10]

---

cide casar-se com Pinson e obtém a aprovação de seu pai. Mais tarde, ainda em 1861, Pinson visita os Hugo, já instalados em Guernsey, mas parte sem pedir Adèle em casamento; dois anos depois, Adèle faz nova viagem em busca de seu amado, desta vez para Halifax, no Canadá. O filme de Truffaut começa neste momento (Devo agradecimentos à antropóloga Juliana Carneiro pela redação desta nota e das que seguem, com base na biografia de Adèle escrita por Gourdain. Juliana leu o livro de Gourdain, assistiu o filme de Truffaut e redigiu as notas para esclarecer a apreensão do diretor francês com a biografia de Adèle, bem como nos ajuda a compreender dados biográficos que escaparam ao diretor).

9. De acordo com Truffaut.

10. Agradeço novamente a contribuição de Juliana Carneiro.

O breve relacionamento, como vimos, rapidamente se desfez e Adèle fica aprisionada emocionalmente no que chamamos "mito de origem" da relação erótica. Aí fixada, ela faz uma trajetória de sofrimento e dor, mas se mantém fiel ao "mito da origem" inscrito na relação com Pinson.[11]

Provavelmente, Adèle não teve um início "suficientemente bom", parafraseando a feliz expressão de Winnicott. Seus primeiros encontros íntimos com a mãe e com o pai não foram suficientes para que o bebê Adèle olhasse, fosse vista e então existisse – de novo retomando Winnicott. O "estar com", a "fusão com o espírito do lugar" – mãe/bebê –, agora na formulação de Bollas,[12] pode ter sido de alguma forma perturbado. É um palpite para compreendermos a fixação no "mito da origem" da relação erótica. A abertura do "portal do amor" pode – e às vezes traz consigo – a *nostalgia do que nunca existiu* com a mãe, ou melhor, com a função materna.[13] Não tendo tido a oportunidade de experienciar

11. Torok e Abraham (1995) oferecem-nos uma *interpretação da perda* que abriu muitos caminhos na psicanálise contemporânea: referimo-nos à impossibilidade que alguns indivíduos têm de viver o luto. Quando isso se dá, o ego produziria *criptas* e reteria, por assim dizer, o *cadáver saboroso* para si. Tratar-se-ia de *egos endocriptados.* Se pensássemos Adèle através de *A casca e o núcleo*, de Torok e Abraham, ela poderia ser lida assim: incapaz de fazer o luto da relação teria se fixado e atuado a cripta do ego.
12. No capítulo "O espírito de um lugar", incluído em *A sombra do objeto – Psicanálise do conhecido não pensado* (2015), Bollas descreve o "estar com" mãe/bebê e a importância dessa relação antes mesmo do pensamento, da gramática e da linguagem.
13. A partir do livro de Gourdin (2003), poderíamos propor que Adèle não teve igualmente um encontro significativo com o pai, o qual nunca a reconheceu em sua singularidade (p. 105 e p. 130, por ex.). Além disso, vemos como Victor Hugo se manteve afastado da vida familiar durante quase toda a infância de Adèle, a qual se deu em um momento muito particular da vida do casal: embora melhorassem materialmente, Victor Hugo e sua esposa, Adèle Foucher-Hugo, estavam afetiva e carnalmente afastados

com a mãe/função materna um campo de afetos, um "estar com" antes de qualquer gramática, de qualquer pensamento (BOLLAS 2015), Adèle é *nostálgica em relação ao que nunca existiu* e, por isso, não pode se desprender do que também não teve com Albert Pinson!

Dito de outra forma, a esperança de finalmente ter acesso ao que nunca existiu, pode reacender através do encontro amoroso. Quem sente a *nostalgia do que nunca existiu* – de ser visto, ser reconhecido, ser espelhado, ser compreendido profundamente – traz consigo a esperança de ser, de se constituir, ainda que tardiamente. Esperança louca que encontra um indício de verdade: no início da relação, quase existiu o conforto, a alegria de vir a se constituir através do *outro!* Quase de novo se deu, foi por um triz, alucina Adèle, e então ela insiste, insiste até a perda de si, a alienação, a loucura.

Compreenda, então, o leitor que, quando há o desenlace do encontro amoroso, quando a decepção chega, ela é de outra ordem, abrindo uma "velha ferida" e, para não perder a esperança, tenta-se desesperadamente recuperar "o que não houve" também dessa segunda – terceira, quarta, quinta... – vez, mas que ilusoriamente se supunha que poderia

---

(Adèle Foucher mantinha uma relação platônica com Sainte-Beuve, amigo de Victor Hugo, e se encontrava dividida entre os dois; Victor, por sua vez, se dedicava cada vez mais ao trabalho e a suas amantes). Tudo isso, claro, reverbera em Adèle, a filha, que passa a significar para o seu pai não apenas um sinal do afastamento da esposa em relação a ele, como também uma lembrança da dolorosa separação de seus pais (a mãe abandonara o marido pouco depois do nascimento de Victor). Quanto à mãe de Adèle, Gourdin é menos definitivo, mas deixa entrever que as ocupações sociais de Adèle Foucher-Hugo, "mulher do mundo, esposa do príncipe dos românticos e amiga íntima de um renomado crítico" (p. 31), deixavam-lhe pouco tempo para se dedicar aos filhos, especialmente à caçula, Adèle.

ter existido. É por isso, é a nossa aposta, que há uma fixação na ilusão que o "mito da origem" representa.

Quem nunca viveu um *encontro significativo*, quem sofre da *nostalgia do que nunca existiu*, produzirá, ao longo da vida, com o mesmo objeto erótico ou com uma série de objetos eróticos, uma espécie de *alucinação da nostalgia*: Adèle quase teve Albert Pinson, assim como primariamente quase teve um *encontro significativo* com a sua mãe! Trata-se de uma *dupla nostalgia* – e a *dupla nostalgia* reencena uma vivência muito primitiva, muito precoce.

A *dupla nostalgia* nos permite compreender melhor as criptas, os egos endocriptados. Se podemos reconhecer a existência de um ego em Adèle, sem dúvida é um *ego endocriptado*: nele, o *cadáver saboroso* é o de Léopoldine, a irmã que se afogara aos 19 anos e estarrecera a família inteira! Quando Léopoldine se afoga e seu marido percebe que nela já não há vida, ele também se deixa afogar e morre junto com Léopoldine. Um caso de amor para lá de romântico, que não passará desapercebido por Adèle, cujos pesadelos são sempre de afogamento.[14]

Lembremo-nos que uma mãe/um pai pode simplesmente não reconhecer o idioma do filho/a – expressão de C. Bollas

---

14. Na biografia escrita por Gourdin (2003), não encontramos qualquer alusão aos pesadelos de Adèle envolvendo sua irmã Léopoldine. De qualquer modo, julgamos que este recurso cinematográfico expressa de forma bastante adequada a relação que Adèle mantém com este fantasma que paira sobre a família Hugo: há certa confusão entre as figuras das duas filhas de Victor Hugo, sendo que Adèle idealiza e se espelha em Léopoldine, enquanto que a família em geral, mas Victor Hugo em particular, espera que Adèle seja como a irmã morta, uma missão fadada ao fracasso desde o princípio.

– e esse não reconhecimento é suficiente para que não haja um *encontro íntimo e significativo* entre o casal parental e o bebê. Idiomas muito diferentes podem ser os responsáveis para que a proposição de Winnicott – "olho, sou visto, logo existo" (WINNICOTT, 1975) – não se dê, ou seja, o bebê pode olhar e simplesmente não ser visto! Pode ter sido este o caso de Adèle.

Além disso, todos os olhares da família estavam postos no patriarca genial e a seu serviço: Victor Hugo. O fato é que Adèle parece ter todos os sintomas do que chamo de *dupla nostalgia*: um ego muito fraco, endocriptado e fixado no "mito da origem" da relação erótica com Albert Pinson e, também, como veremos, a ativação de uma defesa inconsciente e muito radical de fusão – como vimos, M. Balint chama essa defesa de ocnofílica. Fixada no "mito da origem" e fundida com Pinson, que não tem sensibilidade em relação ao seu sofrimento e só quer se livrar de Adèle, acompanhamos, ao longo do filme de Truffaut, a perda progressiva de Adèle em relação a si mesma!

Eis que, junto à fixação do "mito da origem", costuma aparecer de maneira radical a defesa da fusão/ocnofilia (BALINT, 1993). Essa talvez seja a parte mais pungente e também ilustrativa do filme, uma verdadeira aula de psicanálise. Todos os componentes dessa defesa, muito comuns, aí aparecem: Adèle ama e odeia Pinson com muita intensidade; vivendo uma ambivalência radical, cria estratégias de aproximação – sempre desastrosas. Espiona o amado. Ela está por toda parte, cercando-o e produzindo "fatos" com essas atuações: acaba com um noivado de Pinson, afirmando ser mulher dele e estar grávida! Manda-lhe de presente uma prostituta, porque ele "merece ter muitas mulheres"; oferece-lhe dinheiro, anuncia seu casamento com ele e o persegue, primeiro em Halifax e depois em Barbados. Por fim, na fantasia e já perdida para si mesma, torna-se Madame Pinson! É desolador o vínculo que estabelece com ele, mendigando o seu amor e propondo condições indignas para si. Mas só há um grito nessa alma: a esperança de *reviver* o "mito da origem" que não foi senão uma *alucinação da nostalgia do que não houve*, transformada agora em *dupla nostalgia*. Se perder essa ilusão – se descobrir o seu autoengano – cairá na loucura. Em algum lugar da sua alma, Adèle sabe disso e, por isso, resiste e insiste. O golpe fatalmente virá – e veio.

CAMILLE CLAUDEL

Que mãe foi Madame Claudel! Como sobreviver psiquicamente a essa mãe? Estamos nos referindo ao filme dirigido por Bruno Nuytten, intitulado *A paixão de Camille Claudel*, de 1989, cuja protagonista é, de novo, interpretada por Isabelle Adjani.

Para compreendê-la e então compreender o vínculo entre mãe, Madame Claudel, e filha, Camille, vamos ter que nos valer novamente de Bion (1994)[15] e sua preciosa diferenciação entre a parte psicótica da mente e a parte não psicótica, cujo interjogo produz criatividade. Todavia, não raro

15. Ver também WOLFF (2012).

esse interjogo estanca, porque entre as duas partes da mente se institui uma *barragem defensiva*; quando isso acontece, a tendência é que a parte psicótica da mente ganhe hegemonia e reivindique para si todas as forças vivas da personalidade, agigantando seu poder. Ainda assim, estamos na normalidade! Doentes, mas normais; doentes, mas sem descompensação e, não raro, falando muito!

É exatamente assim que podemos interpretar a mãe de Camille, Madame Claudel[16]; como a Bruxa Má, ela reivindicará para si todas as forças vivas da família e tentará destruir um a um. A mãe de Camille Claudel, estrelada por Madeleine Robinson, tem um ponto de apoio e pode, através dele, exercer o seu potencial psicótico: o pai de Camille Claudel, um bom homem e com certeza um bom pai, que ajuda muito Camille. Esse bom homem e bom pai só tem um ponto muito falho: está em conluio com a parte psicótica da mãe, sustenta-a. Então é preciso convir que não é um pai tão bom assim! A mãe de Camille Claudel, a Bruxa Má reencontrada, não passará dezenas de anos no manicômio amarrada e sedada; o manicômio está reservado à sua herdeira psíquica tão talentosa: Camille Claudel. Se o bom homem e bom pai de Camille Claudel não tivesse sustentado emocionalmente a loucura da mãe, talvez Camille não tivesse

16. Sabemos através do livro de Ayral-Clause (2008, p. 13-16) e de Morgenstern (2009, p. 70) que Camille e sua mãe eram figuras bastante contrastantes: enquanto a filha era muito determinada, impulsiva e interessada pelas artes, a mãe não tinha qualquer curiosidade intelectual, era uma pessoa resignada e sem qualquer ambição; além disso, era pouco afetuosa, inclusive com os filhos (Novamente agradeço Juliana Carneiro pela leitura dos biógrafos de Camille Claudel e pela redação desta nota e das que seguem em torno desses dois biógrafos).

ido parar no manicômio, talvez esse fosse o lugar reservado para sua mãe, a Bruxa Má. Mas a vida está longe de ser justa e a cegueira psíquica e emocional acompanha os homens desde sempre. O destino de Camille está tecido desde antes de chegar a Paris aos 17 anos, com a ajuda do pai,[17] para se tornar a grande escultora que foi.

Qual o destino reservado aos filhos de uma mãe psicótica? No sentido bioniano, o filme e a história de Camille Claudel nos sugerem o que diremos abaixo, mas devemos insistir que é a minha "escuta analítica", a partir do consultório, que me permite desenvolver esse tema. *Re-conhecemos* três destinos:

- o destino do filho que se identifica com a mãe psicótica. Usamos a palavra identificação, mas ela não é justa. Reformulemos então: um dos filhos torna-se *instrumento* da mãe, aceita ser *instrumento* da mãe, anulando completamente a própria subjetividade e colocando-se a serviço da mãe. É o destino do filho na perversidade e, claro, bem doente[18];

17. Pelo filme de Nuytten (1998) e pelo livro de Ayral-Clause (2008, p. 16), sabemos que foi o pai quem sustentou esse movimento, mas que Camille chega a Paris, e ali permanece, na companhia da mãe e dos dois irmãos: o pai trabalhava em outra região e só se juntava à família nos finais de semana – um grande sacrifício em nome da formação artística de Camille e Paul. Para Morgenstern (2009, p. 70), esse movimento do pai é fruto da frustração que ele teve em relação a seus próprios ideais artísticos.

18. Este parece ser também o destino de Louise, a irmã mais nova de Camille. Notamos, especialmente pela leitura de Ayral-Clause (2008), que Louise e a mãe tecem uma espécie de acordo, que coloca Camille como a responsável pelos percalços que afetam a família. Ambas creem que as aventuras de Camille mancharam a imagem da família e que ela, Camille, lhes trouxe, antes e depois da internação, muitos problemas. Ver, por exemplo, as páginas 96, 208 e 262-263, assim como a frequência com que frases como "Madame Claudel e Louise" aparecem no texto.

- o destino de Camille Claudel, principal alvo da mãe psicótica: é menina e tem um talento que a mãe quer destruir a todo custo por inveja – mas não só, como veremos. Isso é muito importante: a mãe psicótica não ataca tanto o *self* do menino, mas ataca com toda a violência o *self* da menina! O ataque e a mutilação do *self* da menina leva-a, no caso de Camille, à psicose e à esquizofrenia. Estamos falando de ataque e mutilação bem distantes do não espelhamento, do não reconhecimento, da negação do olhar tão necessário para que o filho/a conquiste existência, continuidade e realidade;
- o destino do filho que consegue evadir-se do poder da mãe psicótica porque encontra uma sustentação de outra ordem: Deus, por exemplo. Esse foi o destino de Paul Claudel: escritor, poeta, diplomata e profundamente religioso – muito bem desenhado no filme de Bruno Nuytten (1988) e bastante caricato no filme de Bruno Dumont (2013).

O filho que escapa da mãe psicótica se sustenta na espiritualidade (que, obviamente, não precisa ser institucional), na compreensão através da palavra, no amor, na criatividade. O encontro com a "mãe ontológica": a visibilidade, a percepção e a escuta de um registro de orientação "para além" do ôntico, é o verdadeiro porto seguro que põe a salvo o/a filho/a da mãe psicótica. Muitos filhos dessas mães acabam por encontrar esse outro real para além do simbólico e do imaginário. Eis onde reside a esperança.

No filme do diretor Bruno Nuytten, todas as cenas em que aparecem mãe e filha são cenas de ataque da mãe e de apoio do pai à filha.[19] O pai de Camille leva-a para fora, para o mundo, e reconhece o seu talento. A mãe nega o talento de Camille, a escultura, já que "faz muita sujeira", e, além disso, a formação custa muito dinheiro.

É preciso que o leitor compreenda que a mãe psicótica, do tipo Bruxa Má, tentará até o último dia de sua vida "roubar" a vida viva – nas suas mais diversas formas – e a autonomia dos filhos. O ideal dessa mãe é que seus filhos sejam *instrumentos* perversos, que não haja vida alguma, autonomia alguma. Tudo isso para garantir a parte psicótica da mente que, a cada "roubo de vida viva", aumenta sua onipotência, sua onisciência, abafa suas emoções e então reforça a *barragem defensiva*. O movimento é circular, já vimos: porque existe a *barragem defensiva* a parte psicótica da mente ganha força, onipotente por definição, roubando mais e mais a vida viva, e isso reforça ainda mais a *barragem defensiva*. Não há aqui maldade, mas um *funcionamento mental* psicótico e, todavia, não descompensado. A personalidade não surta, mas é letal, profundamente letal. A mãe psicótica não conquistou *alteridade*, vale dizer: o outro não é visto como um *outro* e por isso todos serão convocados à perversidade.

É assim que Camille Claudel chega a Paris e conhece Auguste Rodin, um homem que tem o dobro da idade dela. É com ele que Camille vai viver a *nostalgia do que nunca*

19. O livro de Ayral-Clause (2008) informa que, de certa forma, os ataques da mãe à filha continuam durante o tempo de internação desta – como exemplo podemos citar sua decisão de, além de internar Camille, colocá-la sob grande restrição, impedindo que outras pessoas tivessem acesso a Camille, além dela própria, Louise e Paul. O objetivo era evitar (mais um) escândalo envolvendo a família (p. 216-217; e p. 240-241).

existiu: referimo-nos ao encontro íntimo da mãe-bebê que, o "estar com" que, apostamos, no caso de Camille, não houve. Ela também ficará fixada no "mito de origem" da relação erótica, pois é com Rodin que se acendeu a esperança de ser vista, espelhada, reconhecida e compreendida no seu potencial criativo. É com Rodin que Camille viverá a *dupla nostalgia*: a *nostalgia do que nunca existiu* e a *nostalgia do que ilusoriamente poderia ter existido.* É quando se acende a esperança de finalmente viver *o que nunca houve* e, então, constituir-se: ser, existir, ganhar continuidade, realidade. Repito: é nesse momento que a consciência vive o colapso – é quando se acende tardiamente essa esperança. É insuportável ter isso negado novamente! Acrescente-se que, no encontro erótico Camille/Rodin, o "mito da origem" é vivido com muita idealização e com grande *confusão* e identificação entre as partes. O que é de Rodin, na arte? O que é de Camille na arte? É nesse jogo de identificação e idealização, nessa *con-fusão* nefasta, que Camille explode na agressividade e na autodestruição. Ela passa a localizar o *autor da dor*, o *autor da ferida,* daquela *velha ferida,* na pessoa errada: Auguste Rodin!

É muito interessante perceber como a mãe psicótica é poupada de todos os lados, porque – sem ajuda psicanalítica – a compreensão não chega ao verdadeiro autor do drama! A mãe psicótica é poupada da verdade pelo conluio que tece com o pai: um bom homem, um bom pai, que não faz senão proteger a loucura da mãe! A mãe psicótica é poupada pela própria filha! Arquetipicamente falando (se usarmos os termos junguianos), nascemos dotados de um saber ou, em termos bionianos, nascemos com uma preconcepção de "encontrar aquilo que já estava lá" ou deveria estar: uma mãe que seja mãe, um seio que seja um bom seio. Se essa preconcepção não se realizar, a criança não tem condições de se frustrar, porque ainda não tem um aparelho mental mínimo que lhe permita essa emoção. Se essa preconcepção não se realizar, ficaremos na saudade ou, melhor dizendo, ficaremos na *nostalgia do que nunca existiu* e acenderemos toda nossa esperança de finalmente encontrar o que a mãe, que não estava lá, poderia ter ofertado ao filho/a.

É arquetípico, nos termos junguianos. Por ser arquetípico, a esperança desse encontro se mantém em relação à própria mãe ou com seus substitutos: os parceiros eróticos. E, de novo, a mãe está protegida na sua loucura, pois, até o último momento da vida da mãe, a filha reivindicará que ela seja mãe; dito de outro modo, a esperança de que ela, a mãe, seja mãe se mantém e então a loucura da mãe está protegida pela própria filha! E, finalmente, quando o colapso da consciência acontece, a mãe psicótica está protegida porque a filha acredita que o *autor da dor*, o *autor da ferida*, da *velha ferida* é Auguste Rodin, é Albert Pinson e tantos outros. De novo, a mãe psicótica é protegida e poupada da verdade![20]

---

20. Embora tenha por vezes feito duras críticas à mãe nas cartas que escreveu durante seus anos de internação (MORGENSTERN 2009, p. 77), Camille nunca deixou de desejar e de dar oportunidades para que sua mãe fosse verdadeiramente mãe. Os exemplos se multiplicam no livro de Ayral-Clause (2008), mas citemos apenas dois. Em um primeiro momento, podemos dizer que Camille manifestara (para a mãe, para Paul, para o diretor do asilo) o desejo de morar com a mãe, chegando a alegar até que ficaria tão feliz com esta situação que, ao contrário do que crê Madame Claudel, ela não causaria problema algum (p. 252-253). Mais do que isso, Ayral-Clause (2008) nos mostra como os delírios persecutórios de Camille em relação a

Ainda uma palavra sobre o que a filha de uma mãe psicótica herda psiquicamente: na nossa compreensão, herda a *barragem defensiva*. É porque existe a *barragem defensiva como herança* que o colapso da consciência encontra caminhos tão rapidamente, parcial em um primeiro momento (quando Camille Claudel começa a ler em Rodin o *autor da dor, da velha ferida*). Refiro-me à destruição e à decadência de tudo que é vivo, de tudo que tem vida viva na própria Camille Claudel: na sua personalidade. Agora é ela que se transforma na Bruxa Má, na Rainha Ravenna, e passa a roubar e a destruir toda a vida do reino – presente na sua própria personalidade – para manter a parte psicótica da mente e, nela, a onipotência às avessas. A voraz destruição de boa parte de sua obra artística, essa incrível destruição da vida viva, encontra caminhos na *barragem defensiva* herdada da mãe psicótica: Camille destrói as próprias esculturas, particularmente a cabeça de Giganti,[21] um de seus primeiros modelos, que com certeza a amara secretamente.

O destino de Camille Claudel estava desde há muito tecido! Como nos mostra o filme de 2013, dirigido por Bruno Dumont e interpretado por Juliette Binoche, *Camille Claudel, 1915*, ela viveu décadas apartada do mundo, em

---

Rodin e seus "comparsas" passaram a servir para protegê-la da verdade em relação a Paul e à mãe (foram eles que optaram por interná-la e por mantê-la tanto tempo longe do convívio com eles e com a sociedade em geral) e, assim protegê-los também: para Camille, o irmão e a mãe haviam sido manipulados (por Rodin e seus "comparsas") para que ela fosse internada (p. 248-249).

21. A escultura (c. 1892) chama-se "Tête de brigand" (cabeça de ladrão). O modelo foi um italiano que posou tanto para Auguste Rodin como para Camille Claudel. Não é conhecido seu nome. Sabe-se apenas que ele veio de Nápoles e que seu sobrenome é Giganti.

um manicômio na França, recebendo somente as visitas de seu irmão Paul Claudel (caricaturado nesse filme como figura religiosa que não convence, pois está mais para um *moralista psicótico* do que para alguém que de fato encontrou a fé)[22] sem nunca mais produzir arte e alimentando até o fim fantasias persecutórias a respeito de Rodin. O diretor do manicômio comunica a Paul Claudel que Camille, já há 20 anos internada, poderia sair de lá pois, embora a mania de perseguição continuasse, ela ganhara docilidade e, portanto, capacidade de conviver socialmente. Ninguém, porém, a tirará do manicômio. Ficará lá mais algumas décadas, até morrer aos 79 anos. Seu irmão, Paul, não comparecerá ao enterro. Nos termos de Bollas, Camille Claudel foi uma pessoa fadada: viveu um fado e não um destino![23]

---

22. Sugerimos que tal representação de Paul como um *moralista psicótico* no filme de Dumont (2013) pode encontrar razão não só no fato de que Paul era uma pessoa bastante dogmática, apontado por Ayral-Clause (2008, p. 141-142 e p. 220), mas sobretudo na ausência da mãe de Camille Claudel no filme de Dumont. Sabemos, pelos outros materiais com os quais trabalhamos, que esse fato é significativo, visto que a mãe - psicótica - atacava continuamente a filha; assim, podemos pensar que, talvez, a figura de Paul neste filme seja uma espécie de representante da família Claudel, a qual, devemos assumir, tinha traços tanto psicóticos quanto moralistas (embora não fossem religiosos; agarravam-se à moral burguesa).
23. A partir do que Bollas (1992) nos traz, compreendemos "destino" como a capacidade do verdadeiro *self* articular-se com os objetos do mundo e o "fado" como a não possibilidade de desdobramentos do *self*, impedindo, portanto, que o idioma pessoal realize seu potencial inerente.

Violeta Parra

Andrés Wood, que dirige o belo filme *Violeta foi para o céu*,[24] narra a difícil trajetória de Violetita: nasceu em uma família muito pobre em 1917, no interior do Chile; seu pai, filho de espanhóis, era mestre-escola, alfabetizando crianças, tocava violão e cantava nas festas do povoado, mas também era alcoólatra. Violeta tem já nos primeiros anos de vida uma *tarefa impossível*: manifesta-se timidamente para impedir o pai de beber, porque sabe que, uma vez bêbado, virá a fase do palhaço, quando, para o desgosto de Violetita e o deleite dos participantes da festa, o pai vira um macaco; depois destruirá violentamente o bar, pois, na segunda fase,

24. É preciso dizer que, além do livro de Ángel Parra (2011), o filme de Andrés Wood baseou-se em uma série de biografias e entrevistas com personalidades importantes na trajetória de Violeta Parra (TORRERO 2013). Podemos afirmar, portanto, que, embora a participação de Ángel e do livro que escreveu sobre a mãe tenham sido fundamentais para a realização do filme, este adota uma perspectiva um tanto diferente da do livro: enquanto este faz questão de lembrar ao leitor mais de uma vez que estamos diante de um livro de memórias de um filho sobre a mãe, o filme apenas pontua durante os créditos finais sua filiação à obra de Ángel. Nada no filme nos indica que foi adotado o olhar do único filho homem de Violeta; pelo contrário, poderíamos dizer que se trata de uma visão íntima da própria Violeta sobre sua vida. Alysson Oliveira (2012), em matéria para o site UOL, vai além e afirma que o filme, que começa e termina focando o olho de Violeta agonizante, é um delírio da artista que, pouco antes de morrer, rememora sua vida – seriam estes os *flashes* que compõem o filme, misturando passado, presente e futuro. Uma longa entrevista concedida à televisão argentina daria o fio condutor para a narrativa no filme. Embora os *flashes* do filme por vezes se diferenciem das memórias de Ángel, que são marcadas pelo cotidiano da família Parra e pela relação do autor com sua infância e com sua mãe, e embora a inventividade em relação às memórias também varie entre o filme e o livro (este último faz questão, ao contrário do primeiro, de falar sobre o próprio processo de narrar as memórias), parece-nos que a Violeta que emerge de ambas as obras é muito semelhante, o que talvez se deva à grande influência de Ángel sobre o roteiro do filme. (Agradeço Juliana Carneiro pela pesquisa e redação desta nota, que elucida a obra de Andrés Wood.)

em função do alcoolismo, transforma-se em leão. Morre cedo e deixa a família na miséria. A mãe, índia, trabalha muito e Violetita, a filha mais velha, começa cedo a cantar e a tocar violão – claro que tudo isso "de ouvido" – e torna-se precocemente arrimo de família, sem condições de sê-lo: outra *tarefa impossível!* Casa-se, tem quatro filhos – um deles, uma menina, que morre ainda bebê enquanto ela está na Polônia – e transforma-se em Violeta Parra.

Tem um gênio difícil essa Violeta Parra! Na psicanálise poderíamos começar a traduzir esse gênio difícil pela força de suas defesas, defesas egóicas que lhe permitiram realizar uma sucessão de *tarefas impossíveis.* Onipotência e filobatismo (BALINT 1993) são duas das defesas evidentes impostas por um ambiente não *suficientemente bom* (para me valer de Winnicott) – e o ambiente experimentado por Violetita nos seus primeiros anos de vida era terrível!

As cenas – *flashback* – em que ela aparece se olhando no espelho e tentando arrancar as marcas da pele, ou comendo frutinhas, ou toda suja, são cenas de profundo desamparo. Ninguém olhou, ninguém espelhou Violetita; ao contrário, quem cuida é ela, quem olha é ela, numa terrível inversão de papeis que a marcará para sempre, como sempre marca uma *tarefa impossível* imposta a uma criança.[25]

---

25. Poucas passagens do livro de Ángel Parra (2011) nos contam sobre a infância de Violeta mas através desses trechos podemos saber que Violeta teve uma infância difícil, marcada por doenças (como a varíola, que lhe rendeu as marcas que no filme ela tenta arrancar) e pela miséria, já que, com a ditadura de Ibánez, o pai perdeu seu emprego como professor e, preso entre a euforia e a depressão, deixou à mãe de Violeta a difícil tarefa de sustentar e cuidar de sete crianças. A mãe costureira trabalhava muito e Violeta ajudava-a como podia; igualmente, junto com alguns irmãos, cantava em bares ou pelas ruas com vistas a levar algum dinheiro para casa.

Todavia, apostamos que Violeta Parra foi marcada desde o início por um idioma pessoal, por um verdadeiro *self* robusto[26] (NETTLETON 2018) ainda que defendido. E esse caráter,[27] no sentido bollasiano, será sustentado na tradição do povo chileno. A fonte que alimenta a força do caráter, da personalidade de Violeta Parra é a ancestralidade. Wood deixa isso muito claro, já que assistimos Violeta e Ángel, seu filho, cruzando as cordilheiras em busca das canções ancestrais – verdadeiros tesouros – da alma do povo chileno.

---

26. É muito importante notar que os conceitos de *self* para Bollas e Winnicott não coincidem. Apesar de nunca ter esclarecido suficientemente o que entendia por *self* (ABRAM 2000, p. 221), fica claro que Winnicott pensava o *self* como uma instância negociadora com o ambiente, que poderia ser oprimido, congelado, formando então o falso *self*. Citamos *Birth Memories, Birth Trauma and Anxiety* (Winnicott, 1949, p. 182, *apud* ABRAM 2000, p. 221): "No princípio, o indivíduo é como uma bolha. Se a pressão vinda do exterior adapta-se ativamente à pressão interna, então a bolha é o que importa, ou seja, o *self* do bebê. No entanto, se a pressão do ambiente for maior ou menor do que a existente no interior da bolha, então não é mais a bolha que é importante, mas sim o ambiente. A bolha adapta-se à pressão externa. Para Bollas, diferentemente, o *self* parece ter uma força indelével, é robusto (NETTLETON 2018); a preocupação do autor não é com a adaptação, mas sim com a possibilidade do desdobramento do *self*, valorizando a busca que este faz dos objetos.

27. "O caráter é por si mesmo indecifrável." No primeiro capítulo de *Hysteria*, Bollas diferencia estado de caráter de distúrbio de caráter: "Estados *borderline*, esquizóide e histérico referem-se à estrutura do conflito do *self* com um objeto primário específico em qualquer momento no tempo". Para Bollas, uma pessoa "normal" é aquele indivíduo que está temporariamente doente de maneiras tão diversas que o *self* se vê livre para articular uma forma própria de ser e de se relacionar livre, portanto, de uma parada, de uma fixação estrutural. O distúrbio de caráter é a resposta a essa fixação, pois "adquire uma posição fundamental em relação ao seu próprio objeto primário, o qual, no solipsismo da fixação, é um reflexo da interrupção parcial do *self* em ser" (BOLLAS 2000, p. 13).

Violeta aí se enraíza, se ampara e também recria a tradição ancestral[28]: toda a arte de Violeta Parra vem desse encontro, feliz encontro, entre ela e seu povo.

Várias falas do filme vão nessa direção. Na televisão, o entrevistador pergunta-lhe "sem querer ofendê-la, Violeta é índia"? Violeta responde que lamenta o fato de sua mãe ter casado com um não-índio! Com essa resposta, deixa claro a sua posição: "quem é o seu povo". É nessa junção – entre ela e seu povo – que Violeta constrói sua difícil personalidade, que parece inquebrantável.

É desse amor que vem a sua arte. É desse amor que vem a sua força. É com esse amor que ela vence todas as suas adversidades: morte da filha, separação dos filhos e do marido, miséria, humilhações da elite chilena. É desse encontro e fusão com a tradição ancestral que vem sua força, mas é também daí que virá sua queda.

Todo sofrimento que enfrenta vira poema, canção, pintura, música, tapeçaria, e conquista o mundo, porque, como ela mesma conta em uma entrevista, sua voz e a maneira como canta são expressão de seu sofrimento e do sofrimento de seu povo. As formas e as expressões encantadoras com que reveste esse sofrimento parecem ter sido colhidas junto aos passarinhos, como, de novo, ela mesma conta! Ela parece estar em contato com um "mais além" que dá forma, veste, expressa a sua dor. O *verdadeiro self* de Violeta Parra,

---

28. "A partir de uma estrofe abandonada, uma palavra esquecida, uma melodia fraturada, florescia a capacidade para convertê-la em romance de muitos versos. Não é somente a compiladora. É também a gestora, parteira e mãe de muitas das canções consideradas como tradicionais. Justiça, senhor, justiça" (PARRA 2011, p. 58).

que não para de se desdobrar, manifesta-se com certeza na sua arte: aí ela é vital, vida viva!

Outra faceta dessa personalidade forte, masculina, conquistadora, fica clara no filme de Andrés Wood e também no livro de seu filho Ángel: sua capacidade de dar forma ao mundo de um jeito próprio. Ela "faz acontecer": não se intimida, dá a impressão de *fabricar mundos* com as mãos, com a inteligência, com a sensibilidade, com a poesia, com a música.

Tudo vai indo bem, ela se dá bem na vida a partir de fortes defesas e de um *verdadeiro self* que se manifesta como potencial artístico e isso é assim até a chegada de um jovem músico suíço, chamado Gilbert Favre.[29] Violeta tem quase 50 anos, ele tem uns 30. Ao que tudo indica, pela primeira vez Violeta Parra experimenta com Gilbert o amor erótico,[30] um amor muito pessoal, muito apaixonado. Correspondida,

---

29. Gilbert Favre era um aventureiro; foi ao Chile acompanhando um antropólogo em uma expedição ao deserto do Atacama, mas, tendo se desentendido com o chefe da expedição, trilhou seus próprios caminhos no país. Chegando a Santiago, procurou por Violeta Parra, pois sabia que ela investigava a música folclórica e a alma popular, assuntos que o interessavam. Gilbert encontrou-a justamente no dia do aniversário da artista: quatro de outubro (PARRA 2011, p. 18-19). O ano, 1960 (CENTRO DOCUMENTAL BLEST 2002).

30. Sabemos pelo livro de Ángel Parra (2011) que, antes de Gilbert, Violeta foi casada duas vezes. Com o primeiro, Luis Alfonso Cereceda Arenas, teve dois filhos (Ángel e Isabel) e uma experiência ruim com o matrimônio: sentia-se sufocada com a situação da vida ao lado de Cereceda – "uma dona de casa candidata a pequena burguesa" (PARRA 2011, p. 32); além disso, Luis bebia muito e a traía; a descoberta de caso extraconjugal foi o estopim para a separação. Já o segundo marido, Luis Arce, com quem também teve dois filhos (Carmen Luisa e Rosita Clara), não causava problemas em função da bebida, mas sim por causa de sua mãe, que se intrometia demais na vida do filho, bastante influenciável, e da nora, irritada com a intrusão. Sobre a vida com Luis Arce, cabe ainda pontuar que foi através da avó materna dele que Violeta travou contato com as tradições camponesas.

o enlace dura o tempo que é possível durar – principalmente se levarmos em conta o lugar pouco atraente que Violeta Parra reserva para o jovem Gilbert. Acostumada que está a *fabricar mundos*, a moldar o mundo de um jeito próprio, Violeta parece não saber que com o amor erótico esta chave simplesmente não funciona!

Ela continua "fazendo o mundo acontecer" e Gilbert torna-se uma espécie de empregado, carregador dos seus quadros e das molduras dos quadros que ela o convoca a fazer. Gilbert é tudo menos o companheiro dela, o companheiro-artista! Evidentemente, Violeta não percebe que age assim, já que atua o *conhecido não pensado* (BOLLAS 2015), uma forma de operar o mundo que até então simplesmente dera certo. Para desespero de Violeta, a chave não só não funciona com Gilbert, como destrói o delicado encontro amoroso que exige outro tipo de vínculo.

Com o fim do enlace, a base narcísica de Violeta Parra, muito defendida, mas que nos dava a impressão de solidez, se desfaz como um castelo de areia e Gilbert, que sinceramente parece gostar muito dela, ainda que os caminhos da vida estejam a separá-los, lembra-a de quem ela é: "Violeta Parra, a cantora, compositora, mãe de três filhos"! Com essas palavras, ele procura devolver-lhe o sentido da vida que com a sua partida ameaça esfarelar-se: sem Gilbert, ela já não é nada, nem ninguém!

O ódio a devasta: ela canta amaldiçoando a natureza, o sol, as estações do ano, o estatuto do tempo, o gorjeio dos passarinhos, a primavera e o inverno, o cosmos e as estrelas.

Ela que cantava a gratidão pela vida que lhe dera o som e a palavra, ela que colhia a estética – a forma – de sua arte da natureza e dos passarinhos, ela, agora, amaldiçoa e ataca tudo com ódio. Nada resta para amaldiçoar. E, num delírio erótico crescente, sem nenhum recurso pessoal para enfrentar esse luto devastador – que já não é mais luto! –, é acometida por um ódio impessoal e ancestral. O diretor finaliza a película com uma canção. Nela, Violeta denuncia alguém – Gilbert – que não cumpriu o juramento do amor: como escolhe seu alvo um gavião (símbolo do masculino, mas também do imperialismo, do estrangeiro), que é capaz de um olhar amplo do/no horizonte; o alvo é uma frágil galinha, no chão, indefesa, completamente indefesa – símbolo do feminino e do povo, do povo chileno, do povo nativo e, claro, dela mesma. Violeta então se suicida.

Pareceu-nos de muito interesse a compreensão do diretor sobre a infelicidade de Violeta Parra quando confrontada com algo muito pessoal, muito singular, muito individual como é o amor erótico, o amor apaixonado, com todos os desenganos e as desilusões que traz no seu bojo, e em relação ao qual Violeta não tinha nenhuma condição de se posicionar, de buscar recursos no "tesouro do povo chileno", seu celeiro de sabedoria até então. Em certo momento, no final da película, ela diz: "Um homem – que boba". Como se não fosse possível para ela acreditar que dentro de minutos se suicidaria por não ter dado conta disso, de um homem! O "terror de ser deixada" ganha aqui uma forma extrema: o suicídio como meio de garantir ainda uma vez a fabricação de um mundo, um mundo que acaba!

A transferência que ela opera através da figura do gavião imperialista/masculino/estrangeiro sobre a doce figura de Gilbert é injusta e delirante, como já insistimos, e não sustenta uma sabedoria, mas uma loucura! A vida já não cabe em um poema, em um quadro, em uma canção; a vida revelou-se mais forte que a arte e então não pôde ser configurada pela arte — ela nos diz algo assim já constatando uma impossibilidade no final da sua trajetória. A Vida transbordou sua arte e é nesse momento que ela perde a guerra.

Como compreender o que sucedeu com Violeta Parra? Temos um palpite: para o abandono, para algo tão pessoal como o terror de ser deixada, as defesas filobáticas e onipotentes, a fabricação de mundos, simplesmente não funcionam. Quando as defesas não mais funcionam, Violeta Parra se percebe sem recursos psíquicos e emocionais. Regredida, ela desaba como um castelo de areia. O sentido se esvai e a personalidade conhece um "buraco sem fundo" de agonia e dor. Violeta Parra já vivera, várias vezes, esse "buraco sem fundo" de angústia, agonia e dor e todas as vezes seu *verdadeiro self* - secreto e escondido, que se manifestava como se fosse a voz da natureza, de um passarinho - a socorrera, criando arte. Ela sabia o caminho e, com Gilbert, com a perda do jovem músico, isso poderia ter acontecido ainda uma vez: a tradução da dor e do sofrimento pela música, pela composição. Por que isso falhou?

Pensamos que falhou porque, desta vez, a Vida se mostrou mais forte do que um poema, um quadro, uma canção: a Vida queria se expandir e não admitia enquadres! Se Violeta Parra tivesse podido esperar, pudesse suportar a regressão radical, aquela enunciada por Carl Gustav Jung e não pela psicanálise, ela se individuaria. Quando chegavam ao consultório, os pacientes de Jung diziam "*I'm stuck*" - não funciono mais, não tenho mais recursos, paralisei. Esta era a frase que Jung mais ouvia na sua clínica. É misterioso para quem vive e para quem testemunha esta parada de funcionamento, que às vezes se dá por décadas!

Se Violeta tivesse esperado e suportado a paralisia e a regressão, a libido – energia psíquica – refluiria para o inconsciente e traria novos potenciais; os recursos estão escondidos, mas estão lá, incivilizados, indomados e, aos poucos, poderiam vir à tona. Às vezes é preciso simplesmente suportar, esperar e sonhar.

No filme, Violeta Parra dá sinais, muitos sinais desse esgotamento, pois sabe, entre outras coisas, que já não é possível traduzir a vida pela arte! A vida mostrou-se mais forte! Se tivesse esperado, teria a incrível percepção de que, em nós, a vida tem caminhos próprios e é capaz de individuar-se. Compreenderia o "para além" que sempre pressentira em si de outra maneira. Para que isto se desse teria que parar de tentar *fabricar mundos,* já que o mais extasiante é ver a vida brotar de outra fonte que não das mãos dos homens, das mãos do ego.

Na impossibilidade dessa espera-esperança, ela toma de novo o mundo em suas mãos e tenta dar-lhe a última e definitiva moldura: suicida-se. É esse o nosso palpite: o *conhecido não pensado* (BOLLAS 2015), a maneira de Violeta Parra operar inconscientemente o mundo – herdada das *tarefas impossíveis* que lhe foram impostas na primeira infância – venceu!

Álbum de Família:
A mãe louca e a índia Cheyenne

Amnéris Maroni

A vida é muito longa.
T.S. Eliot

1
Introdução[31]

Meryl Streep é Violet Weston, a mãe-megera de Álbum de Família – versão cinematográfica, dirigida por John Wells, da peça *August: Osage County*, de Tracy Letts, muito premiada, inclusive com o Pulitzer. Sucesso comercial e de crítica, a peça foi encenada em 2007 em Chicago, Nova York e Los Angeles e ganhou rapidamente notoriedade. Em 2013, também foi para o cinema, numa produção de fôlego com Julia Roberts no papel de Barbara e Meryl Streep no papel de Violet Weston.

31. Agradeço a participação da psicanalista Patrícia Vieira na escuta e interpretação deste filme. Principalmente a questão da destruição do sonho americano não teria sido possível sem as intensas discussões que tive com ela sobre a peça de teatro que deu origem ao filme.

Li todas as críticas que me caíram em mãos de Álbum de Família e fiquei impressionada com a incompreensão e a superficialidade dos críticos. Michael Cieply (2013), do *New York Times*, chega ao cúmulo de sugerir que, aos 64 anos, Meryl Streep estaria apontando o caminho para uma geração que começa a envelhecer. Tanto é assim que a "chamada" do artigo, no caderno Ilustrada da *Folha de S. Paulo*, é "Meryl Streep capta drama de sua geração". Não é difícil deduzir a que geração o crítico de cinema se refere: à geração de 1968! Deve ter-lhe ocorrido essa brilhante ideia porque todos os participantes da família Weston bebem muito e fumam muita maconha. E Violet (Meryl Streep), com câncer na boca e fumando muito, aparece sempre chapada. Seu marido, Beverly (Sam Shepard) é alcoólatra, poeta e professor. O casal tem três filhas: Barbara (Julia Roberts), a mais velha; Ivy (Julianne Nicholson); e Karen (Juliette Lewis), a caçula. Violet tem uma irmã, a tia Mattie Fae, estrelada por Margo Martindale, que também gosta de beber e é casada com Charles, interpretado por Chris Cooper, maconheiro com mais de 60 anos. Little Charles, estrelado por Benedict Cumberbatch, é apresentado como filho deles.

A incrível ideia do articulista oculta outras interpretações. Se tirarmos as drogas, o álcool, a maconha de Charles, as estripulias sexuais de Mattie (ao longo do filme descobrimos que Little Charles não é filho do seu pai, Charles, mas do seu tio, Beverly) ... se tirarmos tudo isso, sinto muito, caro leitor, teremos uma família, uma família muito doente. Uma família psicótica. De certa maneira, a casa dos Weston é a casa de todos nós. Com essa família louca e com a inversão de todos os papéis – masculino/feminino; pais/filhos –, veremos esboroar-se o *sonho americano*, pois todos os valores americanos caem por terra com os Weston. E, se dermos mais um passo, veremos que a peça e o filme denunciam como o *sonho americano* foi construído, refiro-me ao genocídio perpetrado pelos colonizadores europeus sobre os índios americanos e, então, o sentido da última cena ganhará um significado todo especial: Violet Weston em posição fetal nos braços de uma índia Cheyenne!

2
O JANTAR DO FUNERAL

A peça e o filme se passam em Oklahoma e incluem uma cozinheira Cheyenne, Johanna, estrelada por Misty Upham, que, como veremos, é figura-chave nesse filme. Numa espécie de prólogo do filme e da peça, Beverly, o patriarca Weston, e Johanna estão conversando. Ele conta para a índia Cheyenne sobre o seu alcoolismo; Johanna limita-se a segui-lo, emitindo cá e lá um "sim, senhor" e um "não, senhor". Sabemos então que Beverly a contratou como cuidadora da casa e para acompanhar Violet às sessões de quimioterapia. São evidentes o incômodo e o espanto de Johanna quando Violet lhe é apresentada por Beverly e só sabe se atacar; é notório seu prazer quando ganha de Beverly um livro de T. S. Eliot e, nele, o belíssimo poema *The hollow men* (Os homens ocos) que contém o verso "A vida é muito longa", citado algumas vezes no início do filme, quando Beverly se suicida. A primeira cena é, pois, de Johanna e a última também.

Johanna, cujo significado só retomarei no final deste escrito, foi contratada para cuidar de uma família à beira de uma implosão em função de seus vínculos loucos. Uma família branca, branca e louca, em Oklahoma, e uma índia Cheyenne suave, continente, espiritualmente centrada e firme sugerem obviamente recordações em relação à conquista da América, conectando-nos com a violência racial para tornar o *sonho americano* realidade e também aponta para o que restou desse sonho! Antes de ampliar e entoar junto com o autor da peça e o diretor do filme um réquiem ao *sonho americano*, quero focar nos vínculos loucos e mortíferos da família branca, a família Weston.

Reunidos para o funeral do pai, durante o jantar, Violet Weston, a matriarca, ataca impiedosamente toda a família, começando pelo defunto, ridicularizado como alguém que não fazia poesias há décadas, não amava dar aulas, muito embora fosse professor, e Violet lhe confere uma espécie de mérito por ser um alcoólatra há mais de 50 anos! Em seguida ataca furiosamente as filhas e os respectivos genros. Ataques diferenciados, ataques que visam feridas narcísicas, que Violet sabe, são diferentes em cada uma de suas filhas. Violet diz o que pensa, sem filtros; afirma que diz a verdade, uma verdade que emerge dos vínculos que estabeleceu com cada uma de suas filhas: "Só digo a verdade. A verdade incomoda algumas pessoas".

A crítica em geral não gostou do filme. Comentou-se uma hiper-interpretação de Julia Roberts e Meryl Streep em busca do Oscar; também foi dito que o filme é óbvio e sem sutilezas. Não é verdade. O filme tem muita sutileza e muitas belas metáforas e é fiel ao funcionamento de uma família com vínculos psicóticos. Numa família assim não há diálogos, não há conversas e a palavra é usada como ataque, ataque aos vínculos. Impossível não lembrar aqui outro filme com a mesma temática: *Festa de família* (1998), de Thomas Vinterberg, signatário, juntamente com Lars Von Trier, do manifesto Dogma 95. *Festa de família* é um dos marcos desse movimento e também usa a palavra como arma, como ataque. Nessa *Festa* para comemorar os 60 anos do patriarca da família, reunindo os filhos do casal e muitos outros parentes, a palavra denuncia a pedofilia do pai e a cumplicidade da mãe, que teria levado uma das filhas ao suicídio e lesado psiquicamente os demais. A primeira cena desse filme é uma das mais agressivas do ponto de vista do funcionamento psicótico da família: um dos irmãos, sua mulher e duas crianças vêm chegando de carro quando outro irmão é avistado chegando a pé. O relacionamento desse casal é agressivo e à base de palavras que ferem. Eis que o marido faz a mulher e as duas crianças descerem do carro "aos berros" no sol e caminharem até a casa em que a *Festa* acontecerá, porque ele, marido, quer estar com o seu irmão que não vê há tempos! A palavra em uma família psicótica é ataque a vínculos e só funciona para tal fim e não para comunicar. A palavra-em-fúria é, nesse filme, personagem, uma das mais importantes personagens.

Mas voltemos a Violet Weston e ao jantar do funeral em Álbum de Família.

Na sua loucura, que não rompe com a realidade, Violet ataca todas as forças vivas presentes. A loucura de Violet é melhor compreendida se tivermos Bion presente: como vimos anteriormente, para o psicanalista inglês, discípulo de Melanie Klein, a mente tem uma parte psicótica e uma parte não psicótica, e é da interação entre elas que nasce a criatividade (BION 1994). Não raro, porém, o interjogo estanca e se institui entre as duas partes da mente uma barragem defensiva (SAPIENZA 1992); quando esse fenômeno ocorre, a parte psicótica da mente se agiganta e tende a roubar para si todas as forças vivas da personalidade. É exatamente esse o caso de Violet Weston.

É também característica dessa personalidade, cuja parte psicótica se agiganta mais e mais, o ódio ao feminino! Violet Weston odeia o feminino nela, odeia a finitude que o feminino nela representa e não cessa de atacar ambos. Para ela, ser mulher, ou ¨tornar-se mulher¨, como nos ensinou Simone de Beauvoir, é comprar um destino, pois as mulheres rapidamente ficam feias, gordas e velhas e são também rapidamente trocadas por mulheres mais jovens. Ao contrário, os homens mantêm uma possibilidade erótica, sexual, sedutora. É então munida dessa versão de inveja ao pênis que Violet Weston toma a palavra e passa ao ataque diferenciado de suas filhas. As três serão atacadas violentamente nas suas feridas narcísicas e lembradas que "seu tempo" está acabando, pois ou já foram trocadas por mulheres mais jovens ou estão prestes a ser! Exceção é a filha do meio que, por parecer uma lésbica - como Violet a chama - nunca desperta interesse em homem algum!

A masculinidade "às avessas" – inscrita na personalidade de Violet - não vive em paz, não tem sossego e só encontra instantes de alívio no ataque aos seus próprios vínculos internos, elos de ligação que montam seu tecido psíquico-emocional-mental[32] e aos vínculos que mantém com os seus familiares, através de palavras-projéteis-atacantes-carregadas-de-ódio, palavras-em-fúria. Pensando-a com lentes junguianas, ela tem uma consciência lunar — lê o mundo através das forças esfumaçadas masculinas-do-animus e, então, do inconsciente e tem uma inveja desmesurada do masculino que ela não é. Com essas lentes, idealiza a liberdade, a criatividade e o prazer dos homens e, por suposto, tudo isso lhe é inacessível; só tem acesso a esses "bens" pela inveja, e então... ataca. Está tudo fora do lugar nessa psique.[33]

---

32. "Ataques à ligação", in BION (1994).

33. Como Jung ensina: "A mulher é compensada por uma natureza masculina, e por isso o seu inconsciente tem, por assim dizer, um sinal masculino. Em comparação com o homem, isto indica uma diferença considerável. Correlativamente, designei o fator determinante das projeções presentes na mulher com o nome de *animus*. Este vocábulo significa razão ou espírito. Como a *anima* corresponde ao Eros materno, o *animus* corresponde ao Logos paterno" (JUNG 1982, p. 28). Nem sempre esse modelo pode ser encontrado! Às vezes, o *animus* - o arquétipo inconsciente que corresponde à masculinidade na mulher - é constelado como base do psiquismo, e é ele que, por assim dizer, é o ambiente do ego, é o ambiente a partir do qual o ego se desenvolve. A inversão da base psíquica de ambientação do desenvolvimento do ego dá lugar a uma personalidade torturada, como é o caso de Violet Weston. Torturada e julgadora, cheia de opiniões - não pensadas - como tão bem a descreveu Jung.

3

A mãe e suas três filhas

O grande mérito desse filme é o trabalho magistral do diretor – e também, imagino, do diretor da peça de teatro – com os vínculos entre a mãe louca e as filhas, as três filhas. E, nessa questão, Álbum de Família supera e muito *Festa de Família.*

Violet Weston e a sua principal presa: a filha mais velha, Barbara, destinada a perpetuá-la ou a destroná-la. Muito parecida com a mãe, Barbara é tão desagradável quanto Violet. Também ela tem uma consciência lunar e também ela é — como seu marido a chama — "*a pain in the ass*" (um pé no saco). O melhor dos mundos que Violet pode insinuar para suas filhas é o masculino, e Barbara rapidamente com ele identificar-se-á, daí sua consciência lunar, sua masculinidade, sua agressividade, sua profunda inadequação: de novo, nessa psique, tudo está fora do lugar! Essa mãe convocará na sua filha, sua presa saborosa, o mundo masculino, único mundo que ela reconhece como legítimo e, já sabemos, Violet só tem acesso a esse mundo através da inveja — e não é preciso dizer quão próximo a inveja está do ódio e da destruição — e negará tudo que é da ordem do feminino, da finitude e do amor.

É dessa filha que Violet precisa para conquistar todas as forças vivas ao seu redor, pois Barbara é, das filhas, a única — da família como um todo — que lhe opõe resistência real. Essa filha identificou-se com a mãe, é visível a identificação: são muito parecidas psíquica e emocionalmente e, todavia, a identificação não é completa, pois essa filha também tem à mão um grande potencial de agressividade, opõe resistência, briga, tenta se separar da mãe, da família de origem. De alguma maneira e apesar da mãe, apesar da família, Barbara revela ter um potencial de saúde que a protege de si mesma! A protege de uma identificação maior com Violet. Seu potencial de saúde exige separação da mãe. E é exatamente por isso que ela interessa a Violet. A vitória de Violet sobre Barbara é a vitória da parte psicótica da mente de Violet, a vitória final! A batalha então é de vida e de morte.

Antes de prosseguir na escuta e interpretação desta aliança, uma palavra sobre as duas outras filhas: Ivy, a filha do meio, e Karen, a caçula. Elas não interessam a Violet pelo simples fato de que já são frágeis psiquicamente. Claro que Violet ainda as ataca, mas elas não representam fonte de vida e triunfo para a parte psicótica da mente de Violet. Ivy, que Violet chama de lésbica e que por isso é incapaz de despertar qualquer interesse em um homem, acaba por se apaixonar por Little Charles, seu meio-irmão, filho de Mae e Beverly. Ivy é visivelmente um falso *self* que serve à sua mãe, que nunca se afastou da mãe e do pai e que nunca o fará, muito embora, na última cena, prometa fazê-lo! Violet sabe que ela voltará, que não pode ir embora, que continuará a servi-la e que sua paixão pelo fracassado e destruído irmão não é senão prova de seu próprio fracasso. Violet está segura disso. Ivy não é fonte de vida a ser destruída, presa saborosa para a parte psicótica da mente de Violet. E Karen, a filha caçula? Pobre Karen, já com cerca de 40 anos, se veste como uma menina e exibe sua personalidade regredida e absurdamente superficial. Karen e o seu namorado, futuro marido, com quem passará a sonhada lua-de-mel, não têm nenhuma importância para Violet, não é, pois, uma presa saborosa. Voltemos, então, à Barbara.

Provavelmente, quando nasceu, ainda houve a chance de algum olhar dessa mãe para essa filha, e daí alguma possibilidade de identificação. Talvez Violet e Beverly ainda fossem um casal. Para as outras duas filhas, provavelmente só houve intrusão da mãe louca e então elas se defenderam como puderam, através de falsos *selves*, cisões, regressões. O pai, Beverly, já estava casado com a garrafa quando as mais novas nasceram. Barbara teve mais sorte. O fato é que se identificou mais com a mãe e poderá então tornar-se tão psicótica quanto ela ou, numa abertura de caminho, desconstruir-se.

3.1

Re-criando a realidade

Dois momentos do filme entre a mãe louca e a filha mais velha, presa saborosa, são preciosos. No primeiro, logo no início do filme, vemos por parte da dupla um dos mecanismos clássicos entre mãe psicótica[34] e sua filha: a mãe louca inventa uma história sobre a filha-presa-saborosa; afirma a mãe que o pai se matara porque a filha fora embora de casa há muitos anos atrás, que o pai tinha esperanças e apostava no talento literário da filha, mas ela fora embora, e ele, desgostoso, se matara. A filha-em-revolta grita que a mãe está inventando a história e que o pai nunca dissera nada disso.

34. Todas as vezes que usar o termo psicótico/a será no sentido bioniano.

"É invenção dela" a filha grita! E Violet, daí para frente, faz com que a palavra *invenção* circule e seja repetida muitas vezes, inclusive, pelo marido de Barbara!

Esse momento do filme é elucidativo do vínculo tecido entre mãe e filha. Aqui, se denunciam vários preciosos mecanismos da engenharia mental psicótica: a mãe psicótica jamais se separa! Todos os mecanismos de tortura inventados pela mente psicótica têm por fim impedir a separação, reter todas as presas saborosas para roubar-lhes as forças de vida continuamente.

Uma mente psicótica simplesmente não conhece a separação e produz e reproduz vínculos de extensão – todas as presas saborosas são lidas como extensões da mente psicótica. A filha mais velha, Barbara, não se separou dessa mãe, provavelmente fugiu dessa mãe, e então muitos anos depois – no funeral do pai – a mãe lança mão de outro eficaz mecanismo psicótico, talvez o mais sofisticado e enlouquecedor: a recriação da realidade! Recriar a realidade, às vezes, completamente e ao seu bel prazer, contra alguma presa saborosa é uma das manipulações prediletas da parte psicótica da mente. Manipulação preferida e, nela, enreda a todos, a presa saborosa que grita desamparada e as testemunhas. Detalhe importante: a parte psicótica da mente gosta da presença de testemunhas quando se trata de recriar a realidade contra a presa saborosa!

Compreenda o leitor que algo que parece tão óbvio como a realidade compartilhada é, com certeza, nossa ancoragem suprema: compartilharmos uma mesma realidade é a garantia, sem que saibamos e sem que explicitemos, que nossas matrizes simbólicas são as mesmas.

Isso nos dá segurança de habitarmos um mundo comum. Pai e mãe psicóticos atacam exatamente isso, atacam sem misericórdia a realidade que foi, um dia, compartilhada – que a filha e/ou os filhos acreditavam que era compartilhada – e a recriam e exigem para isso testemunhas. É assim que elas/eles quebram a autonomia de suas presas saborosas, pois isso não é feito uma ou duas vezes na vida de uma pessoa, isso é feito desde sempre quando a criança não tem recursos para se defender: a realidade compartilhada é recriada arbitrariamente, gerando traumas.

3.2
A CONSCIÊNCIA LUNAR SUBSTITUI A CONSCIÊNCIA SOLAR

O ataque à realidade e a dupla mensagem são as principais maneiras de enlouquecer o outro (SEARLES 1981); no caso em pauta, tenhamos presente que a dupla mensagem emitida por Violet convoca Barbara à consciência lunar: conclama-a a constelar o ânimus desde os inícios, se tivermos presente a linguagem junguiana, despertando nela a masculinidade e convocando-a a relacionar-se com o real, com a realidade, a partir do inconsciente! O ego da presa saborosa se estrutura, desde o início, encapsulado na mãe, no ânimus da mãe! O psiquismo da mãe é replicado no psiquismo da filha, e então o destino da filha é ser o que na psicologia analítica chamamos ego-ânimus e, então, consciência lunar.

Essa ambientação do ego e esse encapsulamento é possível e muito mais comum do que imaginamos, e não é difícil reconhecer essa "personalidade torturada", verdadeiro *pain in the ass*, sob certos aspectos, basta que o leitor repare na inadequação dessa personalidade: a consciência lunar, inconsciente, é quem lê e se relaciona com a realidade, o masculino está no lugar do feminino, o pensamento no lugar do sentimento, fala o que não deve, fala quando não deve, sente quando deveria pensar, pensa quando deveria sentir, age quando deveria ficar quieta, fica quieta quando deveria agir, grita na hora do silêncio e por aí vai.

Essa personalidade torturada exala inquietude e desassossego, já que foi convocada à loucura pela comunicação com a mãe constelando os opostos inconscientes, como forma de consciência, uma espécie de consciência lunar – e fazendo eco à inveja ancestral do pênis que as mulheres numa cultura patriarcal sentem sem nomear.

A mãe de Violet Weston já nos permite elucidar outro mecanismo psicótico presente na cadeia transgeracional das figuras femininas do filme: o "ataque ao desejo" das presas saborosas. Violet, claro está, foi a presa saborosa de sua mãe, melhor dizendo, da parte psicótica da mente da sua mãe. Adolescente, Violet se apaixonara por um *cowboy* que usava botas e sonhava acordada com um par de botas, "se o *cowboy* a visse com um par de botas semelhantes às dele, se apaixonaria também por ela" – esse era seu sonho de menina moça. Passou então a pedir para sua mãe, avó de Barbara, um par de botas no Natal e contava os dias para ganhar o presente. No dia de Natal lá estava o presente, Violet correu e foi abri-lo e lá encontrou um par de botas rasgadas, velhas, cheias de xixi e de cocô de cachorro! Violet recorda o fato e atribui a sua maldade à maldade recebida da sua mãe.

Mas isso não é só maldade! É ataque ao desejo, é quebra de autonomia, é roubo da força viva da presa saborosa. A parte psicótica da mente tem um projeto muito claro: a quebra de autonomia de todos ao seu redor, o roubo da força viva das personalidades, o ataque mortífero a todas as forças vitais. E a parte psicótica da mente é incansável: a vida viva precisa fenecer, o reino – a personalidade dela e dos demais – precisa ficar completamente sombrio. Não haverá trégua até que este projeto de morte se realize: é a lei da parte psicótica da mente!

3.3

O esgotamento de um mundo

Em um segundo momento, a mãe, Violet, foge do carro que parou por um instante à beira da estrada e sai correndo pelo campo. A filha, presa saborosa, sai correndo atrás da mãe chamando-a. Correm por um bom tempo até que a mãe cai por terra exausta, e em seguida a filha se deixa cair junto à mãe e lhe diz "não há mais para onde ir", "não há mais nenhum lugar para ir". É a melhor metáfora do filme e com certeza um momento especial de consciência da filha: não há mais nenhum lugar para ir com essa mãe! Chegamos a um ponto de esgotamento de caminhos entre mãe e filha-presa-saborosa. Esse momento de esgotamento da relação é crucial para que haja alguma chance para a filha se ela souber aproveitá-la.

E então, já no final da película, a filha-presa-saborosa

dá-se conta, por um descuido da mãe Violet, que ela, a mãe, só não impediu o suicídio do pai porque não quis, melhor dizendo, preferiu que ele se suicidasse para ficar com o dinheiro que estava no banco e que pertencia a ambos – com o suicídio, era dela e só dela! Sabedora disso, Barbara deixa de ser a presa-saborosa da mãe Violet e vai embora sozinha, pois sua filha e seu marido já partiram antes, sem ela e também sem volta. Ela está só e conseguiu deixar Violet. Na estrada, Barbara para a caminhonete, desce e olha, por um instante, para o horizonte e então deixa para quem vê o filme a esperança de um novo vir-a-ser para si. E, de fato, para ela, analiticamente falando, há esperança de des-criação do *self* (WEIL 1993).

3.4

E OS MARIDOS DESSAS MÃES? ACENOS TAMBÉM DE MUDANÇAS.

O masculino está, em geral, melhor posicionado se tivermos presente o feminino enlouquecido e enlouquecedor dos filhos/as e maridos. Beverly, por exemplo, antes de se suicidar e depois de 50 anos de alcoolismo, preocupa-se com Violet e contrata a índia Cheyenne, Johanna, para cozinhar, cuidar da casa e acompanhar Violet às sessões de quimioterapia. "A vida é muito longa" – é o verso de T. S. Eliot repetido por Berverly, que também oferece o livro desse poeta para a índia Cheyenne. Por que será que Beverly se encharcou tanto de álcool e por tanto tempo, ele que era um poeta e um professor, um homem que amava as letras? Sabemos pouco dele e, todavia, da sua breve aparição se depreende cuidado, ternura e preocupação para com Violet e para com a índia, Johanna.

Charles, casado com Mattie Fae, irmã de Violet, consumidor inveterado de maconha, com mais de 60 anos, é outro homem doce, muito doce, que não cessa de defender Little Charles, o filho que julga ser dele com Mattie. Os ataques de Mattie a Little Charles são simplesmente demoníacos, impossível sobreviver a eles e, de fato, Little Charles não sobrevive psiquicamente: é um homem adulto profundamente regredido e sem nenhuma chance de desenvolvimento emocional. Culpado, culpado, culpado: não pode ir simplesmente a lugar algum do ponto de vista emocional. Fracassado, destruído e, todavia, sempre apoiado pelo pai que tenta salvá-lo a todo o momento das garras da mãe.

O marido de Barbara, Bill, estrelado por Ewan MacGregor, é também visivelmente um bom homem sobrevivendo com muita dificuldade junto às Górgonas destruidoras. Também ele não hesita em defender a filha, estrelada por Abigail Breslin, da mulher Barbara, que também não hesita em atacar a adolescente Jean, de 14 anos, que fuma muitos cigarros. Homens bons, doces, cuidadores e que ganharam esse lugar depois de viverem o feminismo, um lugar a que foram lançados pelo próprio movimento. Não haveria neles e com eles, nesse novo lugar que passaram a ocupar, à revelia deles, um aceno de mudança inesperada? Não haveria aí uma esperança?

4

E claro, outro aceno de mudança é o esgotamento do sonho americano, tendo como espelho a índia Cheyenne, Johanna.

Como sugerimos anteriormente, Johanna é figura-chave nesse filme. Álbum de Família começa e termina com ela, centrado nela. E, todavia, o lugar estratégico que o diretor da peça, Tracy Letts, e o diretor do filme, John Wells, lhe deram não é óbvio e exatamente por isso nos inquieta e nos interpela.

O primeiro contato de Johanna com Violet Weston, no Prólogo, já vimos, foi tenso. A este, seguiram-se uma sequência de outros ataques à Johanna e então compreendemos, nós, expectadores desse drama, que agora a trama se amplia e a relação entre brancos e índios em Oklahoma volta a ter lugar!

O quarto de Johanna na casa da família Weston é no sótão. "É a índia que mora no sótão" diz Violet. A matriarca trata Johanna como invasora logo no início do filme em uma curiosa inversão dos papéis entre invasor e invadido, se tivermos presente os inícios da conquista dos brancos:

> VIOLET: Eu não sei o que ela está fazendo aqui. Ela é uma invasora em minha casa. Há uma índia na minha casa.
>
> BILL: Você tem algum problema com índios, Violet?
>
> BARBARA: Agora eles são chamados de nativos americanos, Mãe.

VIOLET: Quem os chama assim? Quem tomou essa decisão?

BARBARA: É assim que eles gostam de ser chamados.

VIOLET: Eles não são mais nativos do que eu.

BARBARA: Na verdade eles são.

VIOLET: O que há de errado com "índio"?

BARBARA: Por que é tão difícil chamar as pessoas da forma como elas gostam de ser chamadas?

VIOLET: Vamos então chamar os dinossauros de "nativos americanos"?

BARBARA: Ela pode ser uma índia, mas ela faz a melhor torta de maçã que eu comi em toda a minha vida.

Claro está que essa disputa – quem é mais nativo na América ou quem é mais americano e/ou o que constitui hoje a identidade americana – e a desconfiança de Violet ("há uma índia na minha casa", uma estranha, uma invasora) está a indicar algo para além de uma contenda entre a matriarca e a empregada; está a indicar a difícil relação entre os brancos de Oklahoma e os nativos americanos na colonização e na expansão para o Oeste. E peço a atenção do leitor, pois, sim, há muita ironia e muita nostalgia na peça[35] e no filme, mas estamos no século XXI, a peça foi encenada nos Estados Unidos em 2007 e ecoou muito no público, alcançando grande sucesso, e no século XXI, a relação entre brancos e nativos americanos pode sim estar ganhando um novo contorno. E esse novo contorno não passou despercebido para Tracy Letts e John Wells.

---

35. Ver MOHLER 2010, p. 133.

4.1
A DESTRUIÇÃO DO SONHO AMERICANO

É Johanna quem sustentará e será continente para essa família em vários sentidos. É ela quem passa a preparar as refeições em uma casa que tradicionalmente não tem comida: ninguém come lá! E de repente comidas muito gostosas passam a existir e passam a ser elogiadas. Johanna está sempre por ali, silenciosa, atenta, e acima de tudo presente. Em uma casa que só há ataques a vínculos, em que a palavra-é-fúria, Johanna é presença silenciosa.

Johanna é diferente, sim, dos demais protagonistas desse drama: embora seja ela na casa dos Weston a verdadeira *outsider*, a estrangeira, ela não está perdida existencialmente, pois suas tradições a amparam, não a isolam, não a fragmentam e, sabemos, que o isolamento e a fragmentação é o que faz com que o mundo da família Weston – metáfora do mundo contemporâneo – seja tão infeliz[36] – e tão louco! É Johanna quem denuncia a sedução de Jean pelo futuro marido fanfarrão de Karen, Steve, estrelado por Dermot Mulroney. Ambos – Jean e Steve – estão fumando maconha embaixo da janela de Johanna, e o falastrão Steve avança querendo "algo mais" da adolescente. Johanna vai para cima dele com uma pá e o denuncia como aproveitador acabando com a festa dele.

É Johanna quem detém doravante os valores, pois a família branca americana está a explodir de todos os lados e de todas as maneiras. Johanna tem habilidade em sobreviver e

36. Id., p.137.

isso é exatamente o que falta à família Weston.[37] E, com isso, a peça e o filme dramatizam a promessa e a impossibilidade de a família branca americana vivenciar os múltiplos ideais e valores que alimentaram o *Sonho Americano*: fidelidade, a independência, o progresso, a ideia mesmo de família. "A decadência dos Westons revela que nos inícios dos anos 2000, o *Sonho Americano* que uma vez nos foi vendido tornou-se ficção. Letts ilustra a fragilidade de tais mitos culturais posicionando ironicamente uma mulher Nativa, que nunca claramente adequou-se aos ideais (brancos) americanos, em primeiro plano, como uma personagem sã e ativa".[38]

Na América do Sul e também na América do Norte as representações dos nativos passaram pelo mesmo crivo: bebedores de sangue, belicosos, incivilizados ou o nobre, tragicamente dominado selvagem, dotados de bondade natural e simplicidade.

Como Johanna é representada? Ela é calma e os brancos são turbulentos, ela é forte e os brancos são física e psicologicamente fracos, ela é espiritualmente centrada e os brancos da família Weston só se atacam, amaldiçoando uns aos outros, ela é muito suave e silenciosa e os brancos são estridentes e desagradáveis. Estaríamos frente ao mito do "bom selvagem" ainda uma vez? Johanna ocupa uma posição subalterna, é uma serviçal, uma cozinheira no mundo dos brancos. É tentador seguir essa pista – do "bom selvagem" – e ela se reforça com o diálogo abaixo entre Barbara

37. Id., ibid.

38. Id., ibid..

e Bill sobre o genocídio perpetrado pelos brancos contra os índios. O mito do "bom selvagem" caminha junto com a denúncia do mal civilizado! Atravessando as planícies intermináveis e sob calor infernal, o seguinte diálogo tem lugar:

> **BARBARA:** O que estavam pensando essas pessoas?
>
> **BILL:** Que pessoas?
>
> **BARBARA:** Os idiotas que se estabeleceram neste lugar. Os alemães, os holandeses e os escoceses. Quem foi o asno que viu estas planícies quentes no meio do nada e plantou sua bandeira? Quero dizer, nós fodemos com os índios por isto?
>
> **BILL:** Bem, genocídio sempre parece uma ideia tão boa no momento...[39]

A casa da família Weston está mergulhada nas Planícies, literal e simbolicamente. O mito da autossuficiência integral para estabelecer o caráter nacional doravante convive e inclui na sua memória o genocídio dos Índios da Planície. Não é mais possível negar o genocídio nessa narrativa nostálgica[40] e, todavia, essa nostalgia está a ganhar novos contornos. Ou, como sugere o autor Courtney E. Mohler, trata-se de uma "ironizada nostalgia",[41] cujo objetivo é pôr a nu a decadência dos brancos. Nas palavras do autor: "A família Weston pode ser lida como uma metáfora da América branca comendo-se viva sob as pressões da modernidade e da pós-modernidade".[42] É como se a família Weston – como

39. Id., p. 135.

40. Id., ibid.

41. Id., p. 131.

42. Id., p. 138.

metáfora da decadência americana – estivesse nos dizendo: ao contrário dos Índios nós não precisamos de um invasor que nos destrua, nós damos conta da tarefa nós mesmos, nós levamos a cabo nossa destruição.

4.2

"Assim expira o mundo. Não com uma explosão, mas com um suspiro"

É preciso ter presente que a peça – e o filme – se passa no condado de Osage, em Oklahoma! Encenada em Chicago, Nova York, Londres e Los Angeles, a população metropolitana que assistiu à peça pode de novo se reconectar com o que se passou no mundo rural, em Oklahoma, quando Violet evoca os tempos difíceis, o trabalho árduo, a resistência dos Americanos e, tudo isso, sabemos, é central para o mito do "caráter americano".

A escolha de Oklahoma e sua história única nos permite compreender melhor a peça e o filme e neles o que significa a destruição de uma família branca americana – destruição através de seus próprios vínculos loucos! Família cujo sobrenome é Weston, ironicamente apropriado, pois soa como "western", expansão do Oeste e filmes de "Cowboy e Índios", e contém a palavra West.[43]

Oklahoma está situado no centro do país e é circundada por outros territórios americanos. Historicamente, porém, é um espaço marcado por décadas de forçada migração na-

43. Id., ibid.

tiva, batalhas intertribais, conflitos entre índios e brancos e infindáveis negociações. Osage County, em particular, é exemplar em termos da exploração colonial e de lutas entre brancos e nativos.

Detalhes que insinuam um olhar atento dos diretores da peça e do filme para novas narrativas que revelam um novo momento da relação entre nativos e brancos.

Na cena final, Violet não se cansa de gritar de maneira delirante que ela é mais forte que Beverly: "Você quer mostrar quem é o mais forte, Bev? Ninguém é mais forte do que eu, porra. Quando nada restar, quando tudo sumir e desaparecer, eu estarei aqui. Quem é mais forte agora, seu filho da puta?".[44] Ela está a professar "às avessas" todos os valores americanos, da independência, da força, da autossuficiência, pois do que lhe adianta ser a mais forte no abandono e na solidão? De que lhe adianta a segurança financeira que conquistou com o suicídio de Beverly? De que lhe adianta professar os valores do Sonho Americano na loucura? Na sua longa batalha para ser a "mais forte", Violet destruiu a todos e a si mesma: bela metáfora do Sonho Americano tornado global e anunciando seu fim.

Barbara então concorda com ela: "Você está certa Mãe. Você é a mais forte".[45] E como fizeram Karen e Ivy, Barbara também vai embora deixando Violet só, e a matriarca dos Weston, então, no auge da regressão – tendo perdido o contato com a realidade – busca por Johanna e, subindo

---

44. Id., ibid.

45. Id., p. 139.

aos tropeços uma escada até o sótão onde está o quarto de Johanna, aninha-se em posição fetal nos braços da índia. Violet, a civilização louca e cansada da própria loucura, não estaria a encontrar um novo caminho em um lugar bastante inusitado: nos braços da índia Cheyenne?!

No poema já mencionado, de T. S. Eliot, que ampara, ao que parece, a produção teatral e cinematográfica, é assim que o mundo acaba quando os homens são ocos: não com uma explosão, mas com um murmúrio.

This is the way the world ends
This is the way the world ends
This is the way the world ends
Not with a bang but a whisper.

(Assim expira o mundo/Assim expira o mundo/Assim expira o mundo/Não com uma explosão, mas com um murmúrio).

Grey Gardens

Do luxo à decadência

Thaís Leão

Para os que viveram, vivem ou conhecem pessoas submetidas a vínculos parentais mortíferos, o filme *Grey Gardens – Do luxo à decadência* é uma grande aula viva sobre uma das várias formas de manifestação desse tipo de relação. Assisti-lo nos convoca a compreender mais profundamente a aliança entre mãe e filha, bem como os desdobramentos na vida de cada uma delas – em especial, da filha. Diante de tal pacto com sua mãe, Edith Bouvier Beale ou *Little Edie*, a filha, não se desenvolve emocionalmente, não se constitui. Nós, espectadores, testemunhamos por meio da trama – recheada de cenas amargas – a força do fado originário: a filha não pôde enxergar e processar essa díade tóxica, o que a ajudaria a trilhar um caminho mais autêntico, livre e verdadeiro para si mesma, o que não sucedeu. Little Edie continua imatura: um bebê cujo *self* não se desdobrou[46] na vida, aprisionada a essa relação materna devoradora e intrusiva.

46. Para Bollas (2015), o *self*, como inteligência vital, evoca e busca objetos afins no mundo e se desdobra.

Como a trajetória de ambas percorreu um caminho tão trágico? Que aliança inconsciente era essa, que encapsulou o *self* da filha na imago da mãe? Considerando as dinâmicas de relação da sociedade à qual pertenciam, quem seria esse "outro" que, de antemão, já devorava o *self* dessas mulheres e lhes roubava a possibilidade de um destino?[47] Vamos passear pelas entranhas da mansão Grey Gardens, nos deparando com o lixo concreto da casa e também com o lixo invisível, das psiques de mãe e filha. A casa é um espelho da alma de ambas. Poderia ser diferente?

O FILME: CASA, CORPO E PSIQUISMO

Ganhador de seis troféus no Emmy e dois Globos de Ouro, o filme dirigido por Michael Sucsy nasce em 2009, trinta e cinco anos após o lançamento do famoso documentário dos irmãos Maysles, feito poucos anos depois do grande escândalo que ocupou as manchetes dos jornais estadunidenses, envolvendo as ex-socialites. O filme de Sucsy registra quatro décadas da relação das "Edies", parentes de Jacqueline Bouvier Kennedy Onassis e moradoras de uma mansão luxuosa em East Hampton, a 160 quilômetros de Nova York, conhecida como Grey Gardens. Jessica Lange (*Big Edie*) e Drew Barrymore encenam mãe e filha, enfocando o laço único das duas: uma díade mortífera, a qual, no fundo, é a grande protagonista da história.

47. Bollas (1992) define "destino" como a capacidade de o verdadeiro *self* articular-se com os objetos do mundo. "Pulsão de destino" é o impulso particular e incessante de desdobrar o potencial do *self* verdadeiro.

O filme começa em 1936. Little Edie, a filha, apresenta alopecia e observa com tristeza no espelho as frestas calvas em sua cabeça, enquanto se arruma para sua festa de debutante. Big Edie, a mãe, se mostra entusiasmada com o evento, muito mais do que a filha: afinal, Little Edie terá uma oportunidade imperdível de encontrar um homem para se casar e então "ser livre"! Logo no início, o episódio da festa traz algumas chaves importantes, pois revela a densidade presente na relação entre as duas, ao retratar um movimento que irá se repetir ao longo do filme: as fugas fracassadas de Little Edie. Quando tenta escapar de algumas situações – na verdade, da própria mãe – é logo capturada novamente por Big Edie. Ao longo da trama, o vínculo se torna cada vez mais agudo, insustentável e, paradoxalmente, mais forte e inquebrantável.

Em 1973, quando os Maysles, irmãos cineastas, chegam na mansão, encontram ambas em estado deplorável, em meio a uma casa inóspita. Grey Gardens, a casa que abraçou a relação das duas por muitos anos, também sofre uma metamorfose ao longo do filme, ao trazer para a concretude o campo invisível, mortífero e enlouquecedor que vive no intra- e no inter-psíquico das "Edies". Sucsy é brilhante ao fazer viver Grey Gardens em nós, nos convidando a experimentar no corpo a qualidade do psiquismo presente. A casa é corpo: cores, formas, cheiros e texturas vão, pouco a pouco, nos invadindo e aprisionando a alma!

Com passos ritmados para frente e para trás, como no sapateado que mãe e filha dançam juntas pouco antes do terror tomar conta da trama, o diretor investe em cenas que contam as experiências dessa singular aliança, vivida por décadas entre elas, e as intercala com as cenas de ambas já na decadente Grey Gardens. Um vai e vem que reforça a transformação radical da atmosfera emocional da relação e da casa como um todo, muito precisa na fotografia do filme. A sensação que nos perfura é certeira como o fado[48]: a partir dali, não haverá retorno possível.

O PACTO NARCÍSICO E A SUSTENTAÇÃO DO VAZIO

Little Edie é a extensão de sua mãe. Por não ser capaz de contornar a própria existência e, portanto, de se lançar na vida para trilhar um caminho próprio, a filha se identifica de forma idealizada com a parte artística da mãe, num desejo de ser atriz e dançarina. Pobre jovem da elite! O destino de Little Edie já é tocado por um fado originário: o de só poder existir através de um outro. Big Edie e o Sr. Beale (Ken Howard), o pai, têm juntos uma missão: encontrar um marido para a filha, para que a sustente. "Faça com que ela fique noiva de uma pessoa estável", diz o Sr. Beale à mulher. "Arranje uma boa família para ela. É sua responsabilidade."

48. Nos valemos da ideia de "fado" trazida por Bollas (2000, p. 13); com o fado não há desdobramentos do *self* e isso impede a realização do potencial inerente ao idioma pessoal. A pessoa fadada toma direção contrária à pessoa destinada, aprisionada que está no objeto primário, cuja origem se ancora na complexa relação entre o bebê e a mãe.

Little Edie não é vista pelo pai e tampouco pela mãe, e tudo o que mais quer lhe será negado: existir.

Big Edie é uma mãe narcísica que goza da vida de forma descompromissada e ostensiva, bancada pelo marido provedor. Ela articula festas regadas a álcool, luxo e suas próprias performances para a plateia de convidados. Também se relaciona com seu professor de canto, o amante Goule. Grey Gardens é o "império" comandado por Big Edie, onde ela permanece do início ao fim do filme: um lugar que ela jamais deixará, como ela mesma afirma, o que de fato acontece.

Certo dia, quando o Sr. Beale chega em casa, exalta-se com o que vê: põe fim à festança da mãe, que há pouco cantava e sapateava com a filha, em êxtase. Big Edie não imaginava a chegada do marido, que resolve se separar da mulher, levando os filhos para Nova York. Valiosa oportunidade! Uma grande chance para a filha se separar da mãe e, quem sabe, seguir seu caminho! Little Edie faz as malas e pede a bênção de sua mãe antes de sair, a qual, sem grandes surpresas, não lhe é concedida: "O que vai fazer em Nova York? Não tem nada lá que não encontre aqui. (...) Quem vai dançar comigo?". O silêncio de Big Edie fala alto. Silenciar-se diante da bênção é sinônimo da não concessão da liberdade à filha. Para a mãe, não há como aceitar ou celebrar possíveis voos de Little Edie. O voo solo não é uma possibilidade para nenhuma delas. Mãe e filha são um: na ação, no sentimento e na recusa do pensamento emocional. Ambas são como partes de um mesmo corpo, conectadas por um cordão umbilical que não deve ser rompido: a identificação mórbida e maciça entre mãe e filha impera até o fim. Estamos diante de um pacto narcísico,[49] sem possibilidade de deslocamento algum para qualquer uma delas; em outras palavras, mãe e filha estão diante de uma relação fixada que não abre sequer uma fenda para transformação. Convenhamos que qualquer lugar em que Little Edie estivesse seria mais interessante do que ficar sob o comando da mãe, ainda que o custo dessa transgressão ferisse a moral da tradicional família de elite a que pertencia.

A filha não abençoada, então, parte para Nova York. Não abre mão de sua chance. Abrir mão pode lhe custar a vida! Como espectadores, as fugas de Little Edie nos dão esperança: talvez ela consiga diferenciar-se e individuar-se; talvez consiga separar-se da mãe. Big Edie de novo é deixada, desta vez pelo amante, Goule, mas não experimenta o "estar só". Não há sustentação do vazio[50] e então não há luto. O vazio

49. Entre mãe e filha, entre Little Edie e Big Edie, não há um contrato narcísico, mas sim um pacto narcísico! *Grey Gardens* revela com nitidez o *pacto narcísico* entre a família e a filha. O pacto "não admite deslocamento algum, uma vez que qualquer deslocamento ensejaria a presença de uma abertura na continuidade narcísica" (KAES 2014). Tal pacto contém uma violência destrutiva, oposta à violência estruturante dos contratos narcísicos originários. Vale dizer que, dentre as modalidades de negativo apontadas por Kaes como objetos das alianças, pactos e contratos, é visível que, no pacto entre a mãe e a filha em questão, impera a negação da negatividade radical, impossibilitando qualquer experiência de luto, já que a negatividade radical está na origem da angústia. Os *contratos narcísicos* são os que dão as vigas para o berço psíquico do bebê, ainda que venham repletos de fantasias e expectativas depositadas pelos pais na criança. O dispositivo de singularidade do neonato é o que dá a brecha para tornar possível aquilo que ele quer viver como "seu próprio fim".

50. Em "Lendo André Green", Elisa Ulhoa Cintra e Luís Cláudio Mendonça Figueiredo nos dão chaves importantes para compreender a importância da sustentação do vazio na constituição psíquica. A falibilidade e a inadequação da "mãe suficientemente boa", na expressão winnicottiana, exercem um modo essencial de estar presente, o qual promove um "duplo movimento de negação": "para dentro", sendo esquecido e se convertendo em estrutura psíqui-

impulsiona na mãe a dinâmica-devoradora-do-outro que a mantém viva, ainda que travestida de afeto. A sequência dos abandonos (das mulheres, não à toa) recorrentes no filme intensifica o pacto entre mãe e filha, o qual não permitiu que Little Edie escapasse e fizesse uma travessia que pudesse verdadeiramente dar-lhe um destino.

Big Edie, de forma perversa, denuncia ao ex-marido que a filha estava saindo com um homem casado em Nova York. Um "outro" jamais poderia ameaçar a díade! Para Little Edie, a mãe é ao mesmo tempo ameaçadora e sedutora. A intrusão de Big Edie põe fim à esperança de separação entre mãe e filha, que continuarão atadas e não sairão da díade. A angústia da separação é insuportável e não abre espaço para o vazio estruturante; e a não sustentação desse vazio nos primórdios compromete e impossibilita os lutos subsequentes na vida. O Sr. Beale, na relação com a filha, não a ajudou a romper a aliança com a mãe, ao contrário: leva-a de volta à mansão, abandonando-a de vez.

Grey Gardens, como o próprio nome diz (jardins cinzentos), começa a perder vitalidade e cor. O horror entra em cena e se instaura de vez na vida dessas mulheres! Na cena mais aterrorizante do filme, sentindo-se sem saída, claustrofóbica e com muito ódio, Little Edie vai à cozinha no meio

---

ca, em uma espécie de vazio interno, base da vida desejante e dos processos de procura e conhecimento; e "para fora", deixando-se perder e se distanciar "para reaparecer como objetos da atração e da repulsão". Sustentar o vazio é a "a base da tolerância a todas as distâncias, ausências e inadequações dos objetos substitutivos e, portanto, a base de todos os movimentos desejantes; indo mais longe, é base de todo pensamento. Quando há uma "ausência de ausência" ou uma "presença de presença", o que no fundo é a mesma coisa, pois ambas desconhecem o vazio, o processo de constituição psíquica fica obstruído" (CINTRA & FIGUEIREDO 2004).

da noite e corta desenfreadamente o que resta de seu cabelo, num acesso de fúria e desespero! Quem grita na filha é o desejo de existir. O choro, sem dúvida, desvela algo de outra ordem. "Você tem que seguir com a vida mesmo tendo perdido sua música", diz a mãe. A música, cuja metáfora a mãe enuncia, ainda que desconheça o sentido, é a pulsão de destino, potência do existir e do desdobrar do *self*. A filha não pôde sentir o gosto de uma vida viva.

Ilhas fecais, ódio e inveja

Guaxinins, gatos doentes, fezes e sujeira espalhada para todos os lados chegam a compor o cenário de Grey Gardens, denunciando o espelhamento da casa e do psiquismo tóxico do pacto mãe-filha. "Que cheiro horrível!", diz Little Edie. "O dia está lindo!", responde a mãe. Desprovida de recursos que dão acesso e sentido à realidade, sem uma narrativa de sentido, Big Edie se vale de fantasias das ilhas fecais que povoam sua superficialidade psíquica e mental. As ilhas fecais, aqui chamadas, são as partes desintegradas e isoladas da mente, alimentadas por uma coluna fecal.[51] Não há nem pensamento, nem simbolização. "Tive um casamento muito bem sucedido", diz Big Edie aos Maysles: "Nunca briguei

51. "O resultado da obstinação como forma de ligação opositiva de amor--ódio conjugados é justamente a constituição de uma prótese - a coluna fecal - que procura substituir as estruturas malformadas ou inexistentes" (CINTRA & FIGUEIREDO 2004, p. 43). Diante da falta de um *self* constituído, uma coluna fecal se estabelece como uma espécie de espinha dorsal na personalidade do ser. O indivíduo se apega a ela, nutrindo-a por meio do exercício da oposição, onde o amor se manifesta sempre como ódio e abjeção. A oposição impera como uma forma de o indivíduo delimitar sua identidade, na tentativa de estabelecer uma diferença pelo combate.

com o Sr. Beale". Diversas falas de Little Edie revelam sua mente cindida, incapaz de identificar o que é real do que não é: "É difícil colocar uma linha de divisão entre o presente e o passado. Muito difícil".

Big Edie e Little Edie se atacam o tempo todo e, dentro desse pacto hostil, navegam em bolsões de fantasia para suportar a própria existência. São bolsões repletos de ódio e inveja. "Poderia ter sido eu!", diz Little Edie a Jacqueline Kennedy, quando da visita da prima a Grey Gardens, se referindo ao fato de que ela é que poderia ter sido a primeira-dama ao casar-se com Joe, o irmão de John Kennedy, e que, afinal, Joe é que deveria ter sido o presidente. Sem acesso à realidade, sem uma realidade compartilhada, só resta a fantasia!

Quando os irmãos Maysles adentram o universo de Grey Gardens, os cineastas claramente percebem a patologia presente no vínculo das duas. Ao longo de toda a captura de imagens até a estreia do filme, mãe e filha não se dão conta que, no fim, a aliança doentia é o principal material do documentário em questão. Mesmo após a morte da mãe, Little Edie a exalta: vende a propriedade com a condição de que não a demolissem. A casa é corpo, extensão, são os ossos da mãe e os seus próprios, do início ao fim. O vínculo mortífero é o protagonista do filme.

O transubjetivo e o roubo da música

Como seguir na vida sem um destino, no sentido bollasiano? Quem é esse Outro, no pacto transubjetivo, que aprisiona a possibilidade do vir-a-ser dessas mulheres?

"Não posso continuar te sustentando indefinidamente. Você é mais do que capaz de ser uma secretária. (...) Que homens podem bancar a sua vida? Homens como eu." Essas são as poucas palavras que o Sr. Beale dirige à filha ao longo de todo o filme. Como esse pai vê a filha? Como ele vê as mulheres, o feminino? Não podemos ignorar o contexto social ao qual os Beales pertenciam. O pai e os irmãos de Little Edie seguem os caminhos estabelecidos pela tradição da supremacia branca e elitista: tornam-se homens de negócio para, enfim, perpetuarem a onipotência da dinâmica-devoradora-de-*self*, aquela que não permite dar autonomia de destino, sempre no sentido bollasiano, em especial às mulheres. O Outro do qual falávamos é o Patriarcado.

Big Edie e Little Edie são mulheres fadadas ao casamento, à maternidade e à dependência financeira. Estão submetidas, de antemão, a uma ordem cultural e social que lhes foi imposta, a serviço da transmissão dos ideais estruturantes patriarcais. Mulheres-extensão-dos-homens que, numa sociedade do consumo, tornam-se mulheres-extensão-das-coisas, além delas mesmas serem "coisificadas" e encaixadas em seus papéis pré-moldados. O pai se ausenta. Ficamos, então, com Big Edie, uma mãe-narcísica-vítima-atuante do sistema que há séculos rouba a música de todas as mulheres e as aprisiona, num *modus operandi* que evacua o sentido da existência, que paralisa o *self*. Como, nessas condições, existir? Para nós, mulheres, resistir é reafirmar todos os dias que não abriremos mão do nosso destino.

Sonata de Outono

Fabiana Lara e Thaís Leão

1
O FILME

Por que queremos estar perto de alguém que odiamos tanto? No desejo de nos curar, insistimos em validar nossas feridas junto a quem acreditamos ter nos machucado. Em *Sonata de Outono*, filme de 1978, considerado uma das obras primas do diretor sueco Ingmar Bergman, pensamos esse desejo, acompanhando de perto a complexa relação entre Charlotte (Ingrid Bergman), uma renomada pianista com carreira internacional, e suas filhas Eva (Liv Ullmann) e Helena (Lena Nyman), esta portadora de uma doença física e mental aguda, que a deixa confinada à cama, totalmente dependente.

Ingmar Bergman nos afeta com uma estética única e uma linguagem cinematográfica que nos faz tocar a dor da existência. Com obras repletas de narrativas sensíveis e profundas, ao longo de sua carreira, foi aclamado nos principais festivais internacionais – Berlim, Veneza, Cannes e a Academia de Hollywood – com inegável relevância em movimentos como a Nouvelle Vague francesa e o Cinema Novo brasileiro na década de 60.[52]

52. Mais informações sobre Ingmar Bergman em: https://veja.abril.com.br/especiais/bergman-o-complicado-homem-para-alem-do-grande-cineasta/. Acesso em: 20 mar 2020.

Como diz o artista: "Filmes são sonhos, filmes são música. Nenhuma arte passa à nossa consciência na forma como o filme passa e vai diretamente para os nossos sentimentos, no fundo escuro das salas das nossas almas". É esse fundo escuro que, em *Sonata de Outono*, o diretor nos convida a iluminar, expondo a complexa relação entre mãe e filha, marcada pela singularidade de ser a nossa relação de origem.

Com maestria, lançando mão de diálogos densos, de uma fotografia sutil e impactante, que nos provoca a sentir a presença dos espaços, e de silêncios e música que nos instigam à escuta dos não-ditos, o longa cria a atmosfera perfeita para nos percebermos escutando e vendo esse invisível tão repetido nos movimentos cotidianos; o entre. Ainda que o filme se dê no espaço de poucos dias, como numa espécie de dilatação do tempo, à medida que o encontro entre mãe e filha se intensifica, vai se desvelando a profunda trama tecida pelas alianças inconscientes engendradas nessa relação.

Somos lançadas às cenas do passado que revelam afetos estancados, enquanto nos deparamos com elementos da infância de Eva e Helena, que até então eram desconhecidos ou não pensados por Charlotte. Enxergamos as entranhas, o que vive no âmago do invisível que sustentou esse grande encontro-desencontro entre elas. Abre-se a cortina para uma relação regada a esperança, ausência e culpa.

O que nutre o visível sofrimento de Eva? Quem é Charlotte, mulher, mãe e musicista? Como essa ligação visceral refletiu em sua relação com as filhas, em um contexto social onde ter desejos próprios, para além do papel de esposa e mãe, era inadmissível para uma mulher? São perguntas indigestas que nos atravessam e que buscamos desdobrar.

O filme começa com Eva escrevendo uma carta para a mãe, mais uma entre tantas sem resposta. Neste momento, mãe e filha não se veem há sete longos anos, e Eva, ao saber que Charlotte havia acabado de perder seu companheiro, Leonardo, a convida para passar um tempo em sua casa na Suécia, onde vive com seu marido, o pastor Viktor (Halvar Björk). Em uma das primeiras falas do filme, Viktor lê o trecho de um livro escrito por sua mulher: "É preciso aprender a viver. Eu pratico isso todos os dias. Meu maior obstáculo não é saber quem eu sou. Eu tateio cegamente. Se alguém me ama como eu sou, posso ter a coragem de olhar para mim mesma. Essa possibilidade é pouco viável." Fica evidente o sofrimento de Eva e, como espectadoras, somos convidadas a fazer uma espécie de aliança com Viktor: observar e testemunhar.

O que experimentaremos em seguida são as texturas dessa aliança massacrante entre mãe e filha, e como ela se deu para cada uma delas. As alianças inconscientes dessa relação desvelam-se em uma atmosfera claustrofóbica cheia de silêncios e sons. Explicitam-se o intrapsíquico dessas duas mulheres, o desenvolvimento da aliança onde os inconscientes se encontram e por fim, recapitula a origem desse movimento esperançoso e dolorido da insistência de buscar a mãe, simbolicamente retratado por mais uma carta que Eva escreve a Charlotte no final do filme.

Como em uma sonata, composição constituída de três movimentos que se relacionam quanto à tonalidade e se contrastam quanto ao andamento, ao modo e à forma de expressão, vemos mãe e filha, tão próximas em seus tons doloridos e tão contrastantes em suas singularidades e subjetividades, repetirem seus movimentos que desejam somente cura e validação. Parecem buscar no reencontro a esperança de reparação, mas é a reafirmação de suas dores, apontamentos e culpas que assistimos quase sem ar, no explícito abismo que mantém mãe e filha aliançadas. Estamos diante de uma relação de feridas e de olhares estancados. Cada uma só pode olhar para si mesma, numa grande vertigem sem escutas. Ressentidas, estão paralisadas no tempo emocional. Nessa camada onde nada se deslocou, mãe e filha buscam absolvição de si mesmas e seguem culpando-se mutuamente, vendo a outra como a "causadora" de seus sofrimentos.

Não bastasse adentrar nesta atávica aliança, descobrimos ainda que Eva é quem cuida de Helena, sua irmã deficiente, abandonada pela mãe, que não suporta o convívio com ela. Paralisada, Helena nos convida a enxergar de forma concreta a paralisia do tempo emocional de mãe e filhas.

Está composta a música amarga que Bergman apresenta em movimentos de desvelamentos, numa grande espiral de lembranças doloridas dessa relação densa, repleta de uma neblina outonal, tecida de amor e ódio.

2
A esperança e o espírito de um lugar

Quando Charlotte chega à casa pastoral onde a filha vive com seu marido Viktor, Eva parece se surpreender com o fato de ela ter aceito seu convite e, ao mesmo tempo, acompanha Charlotte com empolgação até o quarto de hóspedes. Neste percurso, a filha exalta a mãe e a agrada, mostrando os detalhes da casa e de tudo que ela organizou para sua chegada, parecendo convidar a mãe a testemunhá-la através da sua casa, que vai explicitamente se tornando um corpo-textura no filme. No entanto, a única pergunta que Charlotte lhe faz é se Viktor está em casa; e começa um monólogo sobre si mesma, dispara a falar de sua dor, solidão e sofrimento ao perder Leonardo, não deixando espaço algum para enxergar a filha. Só há lugar para Charlotte no primeiro encontro entre as duas. Sufocadas, vemos claramente como Charlotte não testemunha o que a filha demonstra, pensa, sente ou como vê o mundo.

Eva então revela a presença de Helena, e convida a mãe a vê-la. Antes de entrar no quarto, contrariada e muito desconfortável, Charlotte diz: "E eu tenho escolha?" Mais uma vez, Eva convoca a mãe para se relacionar com as filhas. Tenso, o filme vai nos revelando a incapacidade de Charlotte conviver de maneira íntima e afetiva com suas filhas e de Eva existir sem o olhar de sua mãe.

"Será que a esperança da gente nunca acaba?", pergunta Eva ao marido Viktor, enquanto arruma a mesa do jantar em que a mãe estará presente. A pergunta é a chave do sofrimento de Eva e escancara seu intrapsíquico: o desejo incansável de um dia ser vista por sua mãe e então poder existir. Inevitável lembrar do início do filme, onde Viktor nos conta que ama sua mulher, mas que não consegue dizer de um jeito que ela acredite. Nos deparamos com uma fala que traz à tona a incapacidade de Eva para amar e ser amada. Ora, como Eva poderia dar e receber amor? Através do pensamento de Bollas (2015), atrevemo-nos a responder tal questão. Eva não se casou com Viktor, mas sim com a atmosfera emocional na casa do marido. Na esperança infinda de existir a partir dos olhos da mãe, Eva encontra na casa e na vida de Viktor a memória da primeira experiência estética humana. "O momento estético é uma ressurreição evocativa da condição egoica precoce, muitas vezes reproduzida por uma ressonância repentina e misteriosa com um objeto, um momento em que o sujeito é capturado por uma intensa ilusão de estar sendo escolhido pelo ambiente em alguma experiência profundamente reverente" (Bollas, 2015, p. 73). Daí vem a esperança de se constituir. A casa é ambiente, acolhedora, segura; remete a um registro pré-verbal, evocando a experiência materna. Nela, a filha pode experimentar a sensação de pertencimento, de amor, de mãe. Sugerimos, então, que a casa é o que Bollas (2015) chama de "o espírito de um lugar", entendido pela fusão bebê-ambiente, embrenhados num campo de experiência viva – onde sujeito e o objeto não existem, ainda não se constituíram.

Ao se casar com a casa, Eva experimenta a possibilidade de constituição, vivencia o momento em que a processualidade se abre e se faz evidente, e então desperta a esperança de ganhar existência e se desdobrar.

É a partir dessa concepção, onde cada ser vivo experimenta a vida a partir de processos e relações, que entendemos o casamento de Eva como um encontro que a afetou ao evocar a processualidade materna, essa experiência de transformação do seu ambiente externo e interno sentida pelo bebê. Esse estado onde "o bebê tem o sentido do extraordinário, pois convive com o espírito de um lugar, cuja origem não é identificável", o que o autor chama de "experiência do sagrado". (BOLLAS, 2015, p. 74). Assim, sem o espírito do lugar, no sentido bollasiano, que nos permita uma experiência viva e nutra nossa existência, não há vir-a-ser, não há possibilidade de constituição e desdobramento, e a jornada de diferenciação torna-se bastante árdua, se é que ela é possível.

Ao nos apresentar as memórias de infância de Eva, Bergman nos mostra como Charlotte foi uma mãe ausente mesmo quando presente. E, quando presente, Eva é confrontada a todo tempo pela discrepância entre o que sente e o que sua mãe comunica. A mãe internalizada de Eva não é Charlotte. É a ferida de não ter tido uma mãe capaz de maternar segundo seu desejo e expectativas. O outro do outro não é o outro. E Charlotte é um outro, que não realiza o desejo da filha, pois este não ecoa nela.

Em sua busca incansável por uma mãe, Eva parece encontrar na casa de Viktor a simbiose que tanto procura. E, embora busque agradar a mãe, num desejo incessante de encontrá-la verdadeiramente, jamais a encontra, pois não há escuta, não há ressonância capaz de despertar processos entre elas. A dor e a cegueira de cada uma as impedem de olhar suas singularidades e, assim, não há salto para o desdobramento do *self*.[53] Sem processo, sem escuta, sem deslocamentos afetivos o self não pode desdobrar-se.

Bergman abre e fecha o filme com cartas de Eva para a mãe, nos faz testemunhar movimentos repetidos: a esperança infinda do desejo da filha por uma mãe.

3

A ALIANÇA INCONSCIENTE, UM CAMPO INTERSUBJETIVO

Sabemos que Eva poderia ter sido uma grande escritora, pois Viktor conta que sua mulher tem talento e amor pela literatura. Mas como Eva poderia dar vazão à sua carreira literária, aprisionada na necessidade de existir, de se constituir a partir do olhar de Charlotte? Eva não pode repetir os passos da mãe, que deu prioridade à sua carreira em detrimento das filhas, pois é aí que se encontra sua ferida aberta. Ela não se identificou e não se diferenciou da mãe; antes, Eva precisa ser filha, receber amor.

53. Bollas (2015) sustenta que cada um de nós nasce com um núcleo que dá origem a uma estética particular de ser, nosso idioma pessoal. O desdobramento do *self* trata das experiências vividas pelo sujeito que verdadeiramente evocam seu idioma (cerne do *self*) num movimento que contém uma inteligência vital que o orienta.

Charlotte e Eva compactuam inconscientemente o desejo de serem vistas plenamente. Porém, tais desejos não se cruzam, não ressoam. Eva anseia ser testemunhada por ser filha, ser amada e autorizada em sua singularidade, precisa de uma mãe que a valide. Eva é uma não nascida e não pode percorrer o caminho da maturidade emocional. Já Charlotte deseja ser absolvida da culpa que carrega como mãe ausente. Precisa ser reconhecida e existir como mulher musicista, como vanguardista. Anseia ser admirada pela filha e absolvida de sua consciência pesada.

Charlotte tem um sonho-tormento que a acorda em terror pelo grande fantasma que a acompanha há anos, a culpa. Em seguida, é no diálogo arrebatador entre mãe e filha que o brilhante diretor nos coloca em suspensão e explicita a dupla linguagem enlouquecedora que a mãe tece com as filhas. Ora nos sentindo filha, ora nos sentindo mãe, o filme nos dilacera, nos faz sentir a dor do não-dito e coloca na luz o pacto inconsciente com o segredo. Que segredo?

Vejamos o diálogo entre as duas. Eva diz:

> Eu te amava, mamãe, era uma questão de vida ou morte, mas eu não confiava nas tuas palavras. Elas não expressavam o que os teus olhos diziam. Você tem uma voz linda, mamãe. Quando eu era criança, eu a sentia no meu corpo todo. Mas eu sentia que você não falava de coração. Eu não conseguia entender suas palavras.

Eva deseja apenas ter uma mãe, ser amada, cuidada e maternada por esta, mas sente a ambivalência no ar. Charlotte se comunica por meio de uma dupla linguagem, duplo afeto, duplo vínculo.[54] Vemos claramente o caminho de como enlouquecer o outro: afeto e palavra descasados, recursos de que a mãe se vale com primazia, ainda que inconscientemente. O relacionamento prolongado dessa dinâmica psicotizante gerou na filha uma confusão sobre si mesma e os próprios sentires. Assim como sua mãe, Eva é incapaz de fazer o luto. Nada do que existiu foi processado e, sem processo, ela não integra a morte e não faz o luto do seu filho pequeno que morreu afogado, assim como se mantém presa à esperança de ter uma mãe. Ela mantém os cadáveres vivos[55] e, novamente, nomeia a mãe-fantasma: "Você se trancava e trabalhava e ninguém podia atrapalhar. Eu ficava do lado de fora ouvindo. Quando parava para tomar café, ia ver se você existia mesmo". Para Eva, a mãe não existia, sempre foi inalcançável, reforçando seu claro desejo: o de amar e ser amada.

Vemos como a filha luta para existir, pertencer, receber amor. Eva não pode absolver a mãe de sua culpa, as filhas não podem. As filhas estão capturadas pelo desejo de ter uma mãe. O encontro entre elas não pode acontecer, pois não há

54. Searles (1959) descreve inúmeras técnicas nas relações interpessoais que tendem a criar um conflito emocional no outro, levando-o à loucura. Comenta sobre o duplo vínculo (BATESON *et al.*, 1956, p. 50) que toca as injunções parentais de natureza mutuamente contraditória. A dupla linguagem, onde palavra e afeto encontram-se descasados, também é um dos ingredientes dessas formas de enlouquecer o outro, justamente por ameaçar fortemente a confiança que a pessoa possa ter em suas próprias reações emocionais e sua percepção de realidade.

55. Impossível não lembrar do texto de Maria Torok, o "cadáver saboroso" (1968).

verdade nele, apesar de ambas desejarem muito. Mãe e filha seguem aliançadas no duplo vínculo, no duplo afeto, e giram em torno de um ponto cego: Charlotte apaixonada pela música, seu grande amor, não pode se casar e ser mãe de suas filhas. "Só há uma verdade em uma mentira", diz Eva. É Charlotte quem precisa verbalizar essa verdade, assumir que não pôde ser mãe plenamente, que sua prioridade era a paixão pela música, e assim legitimar o que a filha sentia – mas ela não consegue. Está aí o segredo que nunca foi revelado.

4
Charlotte, musicista ou mãe: um olhar transubjetivo

Charlotte é uma musicista, a música é o que lhe dá sentido, e não há mal algum que assim o seja. Porém, ela não pode viver mergulhada em sua paixão, pois também é casada e tem duas filhas. Essa frustração e a culpa que a atormentam, explicitadas em suas defesas inconscientes de forma narcísica e onipotente, constituem a maneira de Charlotte se relacionar com as filhas e com a música. É essa mãe cindida que comunica seu afeto pela filha também de forma ambivalente. Charlotte não quer ser mãe, quer ser pianista, o único lugar em que ela pode existir inteira é no palco e essa experiência é inegociável para ela.

Bergman nos faz pensar sobre o penoso custo que a mulher carregava, naqueles tempos, caso decidisse simplesmente seguir um caminho a que fosse verdadeiramente convocada pela vida e, portanto, com uma função existencial que fizesse sentido para si mesma. Entendemos aí como o patriarcado também a roubou, impedindo-a de viver seu amor: a música e sua carreira. Limitar a experiência de qualquer ser a caminhos pré-estabelecidos é angustiante e indigesto. Charlotte precisou realizar o maior dom de sua vida carregando uma imensa culpa, em contradição com a possibilidade existencial de ser uma mãe suficientemente boa, nos termos de Winnicott (1975).

Nas últimas cenas do filme, depois de sair às pressas da casa de Eva, Charlotte diz a Paul, seu empresário: "Eu tive um choque. Minha filha Helena estava lá, inesperadamente. Mais doente do que nunca. Por que ela não morre?" A existência da filha é, por si só, um estorvo. Desejar a morte da filha evidencia a difícil negociação com esse campo pesado que não a deixa ser quem genuinamente é. Charlotte não se frustra por não ocupar integralmente o seu papel de mãe. O papel esperado e imposto já gera, de antemão, um lugar a ser cumprido e, no caso de Charlotte, trata-se de um grande contrato com a culpa, já que escolheu, por fim, a música. Tal culpa se revela em vários momentos do filme onde Charlotte nos fala sobre sua consciência pesada. Pesa sobre ela a força esmagadora da sociedade patriarcal da década de 1950, que a delimita e a rotula, impedindo-a de ter desejos próprios. Uma aliança transubjetiva maciça. O patriarcado não deixava opção para a mulher e não foi diferente com ela. Uma pergunta então nos assalta: e o pai de Eva e Helena? O que fez senão também ficar à espera de Charlotte ocupar seu tão limitado papel de mãe?

II

Alianças mortíferas na família

Beleza Americana

Amnéris Maroni

Introdução

Vínculos mortíferos produzem esvaziamento de sentido existencial, também doenças e por vezes morte.

Essas alianças têm muitas modalidades e se associam a toda uma gama de processos psíquicos. Estão presentes nos acorrentados modernos, *escravos psíquicos*. Cá e lá vemos que essas *correntes* também podem ser rompidas.

A hegemonia (imaginária e teórica) do complexo de Édipo (com seus múltiplos processos de identificação e então de transmissão psíquica), por vezes, produz um ocultamento das alianças que vamos discutir. Isto porque os protagonistas dos filmes que serão escutados/interpretados não são propriamente edipianos; antes pertencem a uma *psicologia transgeracional*: as gerações se sucedem e vão transmitindo, sem que haja o *trabalho do pensamento*; sem que haja luto, os *nós psíquicos* das gerações agigantam-se e se repetem sem simbolização.

O par *psicótico moralista* e sua companheira é um exemplo típico do que Jung chamava de "a maldição dos átridas"[56] – e, claro, pode ser o inverso, pois de modo algum tais proposições estão a definir gêneros, masculino e feminino.

Penso, hoje, que a grande dificuldade de muitos processos analíticos não se deve ao que a psicanálise chama de resistência dos analisandos, pacientes difíceis, que só fazem repetir seus *scripts* sem transformações, mas à dificuldade da própria psicanálise para trabalhar com o *transgeracional.*

Sem levar em conta a "maldição dos Átridas", não é possível perceber a envergadura emocional do problema que temos diante de nós e também não é possível, se não vemos o problema, ajudar o paciente a simbolizá-lo. Acrescente-se a isso que a relação de transferência e contratransferência é outra se tivermos em conta uma *psicologia transgeracional.*

Nós, ocidentais, costumamos fazer uma pergunta insistente: quem sou? quem somos? Todavia, não nos ocorre perguntar: onde estou? onde estamos? – estas não nos parecem perguntas existenciais importantes.

Em novembro de 2013, participei do Colóquio Internacional sobre o Pensamento Oriental: Budismo e Filosofia,

---

56. O mito da "maldição dos átridas" tem a ver com o retorno trágico do crime não pago. Assassinatos, incestos e traições perpetuam-se daí para frente entre as gerações. O mito: Cronos e Rhéia têm um filho chamado Zeus e ele tem um filho chamado Tântalo (cujo neto é Atreu, pai dos átridas, Agamenão e Menelau). Tântalo trai os segredos de Zeus e serve comida divina a seus amigos mortais. Serve a Penélope seu próprio filho aos pedaços em um banquete dos deuses. Como pena, é suspenso em um galho de árvore frutífera sob um lago sem poder beber ou comer. Cronos, o avô de Tântalo, comia crianças e Tântalo comete o mesmo crime e Zeus se revolta contra o filho.

na Unicamp. Duas conferências foram muito marcantes e me trouxeram intensa reflexão. Hisao Matsumaru discutiu "Zen Budismo e a filosofia da Escola de Kyoto", citando dois filósofos: Kitaro Nishida (1879-1945) e Keiji Nishitani (1900-1990). O palestrante ateve-se a Nishitani e discutiu de maneira magistral o *lugar vazio* – a *existência* não pode ser pensada fora desse lugar, o lugar por excelência, o *lugar vazio.*

Outro palestrante, Ryosuke Ohashi, discutiu "O lugar da filosofia de Nishida na história da filosofia". Segundo Ohashi, a filosofia de Nishida desenvolveu-se a partir da filosofia ocidental, embora tenha também suas raízes na tradição do pensamento oriental.

Nishida desenvolveu a filosofia do "nada absoluto" que, em muitos de seus aspectos, pode ser designada como budista. Ryosuke Ohashi insistiu muito na questão existencial que nos interessa: não basta perguntar *quem sou*; é preciso perguntar *onde estou.*

Para Ohashi, somente dois filósofos ocidentais se puseram seriamente a questão do *onde estou:* Aristóteles e Jacques Derrida. Na sua palestra, Ohashi chegou a perguntar se Derrida não teria aprendido a questão existencial do *lugar – onde estou?* – com o próprio Nishida!

Essa discussão parece-me central, já que um *lugar existencial,* uma vez ocupado com um *outro significativo* (pai/mãe), é uma espécie de destino, é uma herança que às vezes se perpetua por gerações. Na minha experiência, *onde estou* é tão ou mais importante do que *quem sou* – e isto porque, existencialmente falando, *onde estou* tem um claro acento no relacional.

Então poderiam me perguntar: isto não está pressuposto na ideia mesmo de aliança/*vínculo*? De certa forma, sim, está. Porém, na minha observação, uma aliança pode se esgotar pela elaboração, pela simbolização, pelo pensamento, mas o *lugar existencial* ocupado por alguém em um tipo de *aliança* pode, como já disse, persistir, vale dizer, a pessoa volta a constelar a aliança *mortífera*, ainda que tenha sido muito elaborada, porque continua ocupando o *lugar existencial* que tende a não ser suficientemente trabalhado analiticamente.

O MORALISTA PSICÓTICO E SUA ESPOSA SEM NOME[57]

NO LIMIAR DA VIDA E DA MORTE

O filme que melhor retrata esse par é sem dúvida *Beleza Americana* (1999), do diretor inglês Sam Mendes. Ácida crítica ao modelo de vida ocidental e particularmente ao chamado *sonho americano*, o filme nos convida a *olhar mais de perto* e, ao fazê-lo, vamos nos dando conta de como esse *sonho* se estrutura!

Não nos interessa voltar ao filme e reinterpretá-lo; nosso interesse é como o diretor descreve esse marido psicótico e sua esposa sem nome e a relação desse par com o filho, Ricky Fitts (Wes Bentley).

57. No filme *Beleza Americana*, a esposa do fuzileiro naval tem nome, chama-se Bárbara Fitts (Allison Janey) e, todavia, a legenda traduzida para o português omite o nome. Achei interessante e reveladora essa omissão, uma espécie de *insight* do tradutor, e então, aqui, trabalharei essa omissão.

O fuzileiro naval e sua esposa sem nome pareceu-me magistral e foi observando essa relação que fiz associação da esposa do fuzileiro naval com a figura do *muçulmano* – criada por Primo Levi para pensar o inumano dos campos de concentração nazista. Talvez quem me leia pense que a associação é indevida, exagerada, mas explico porque me parece pertinente: a esposa do fuzileiro naval, um típico *psicótico moralista* estadunidense, é alguém que está habitando o limiar da vida e da morte; não sabemos se ela está viva ou morta, olhos vidrados, rosto sem expressão, sem nome; ela fala, mas perdeu completamente a narrativa, não se dá mais conta dos acontecimentos à sua volta e não parece ter mais nenhum pensamento.

Não é assim que Primo Levi descreve, em *É isto um homem?*, a *figura do muçulmano* [judeu][58] – e, depois dele, Giorgio Agamben, no livro *Homo sacer* – nos campos de concentração nazista?

58. Descrevo-os, de acordo com Primo Levi, *apud* Oswaldo Giacóia Júnior: "A história – ou melhor, a não história de todos os muçulmanos que vão para o gás é sempre a mesma [...] a multidão anônima, continuamente renovada e sempre igual, dos não homens que marcham e se esforçam em silêncio; já se apagou neles a centelha divina, já estão tão vazios que nem podem realmente sofrer. Hesita-se em chamá-los de vivos, hesita-se em chamar 'morte' à sua morte, que eles já nem temem, porque estão esgotados demais para poder compreendê-la. Eles povoam minha memória com sua presença sem rosto e, se eu pudesse concentrar em uma imagem todo o mal de nosso tempo, escolheria essa imagem que me é familiar: um homem macilento, cabisbaixo, de ombros curvados, em cujo rosto, em cujo olhar, não se possa ler o menor pensamento" (GIACÓIA 2013, p. 127). E, claro, os "muçulmanos" testemunhas do terror já não podem narrar nada. Trata-se, no nazismo, nos campos de concentração, de um "projeto de desumanização que atinge as profundezas" (id. ibid.).

Os campos hoje são lidos como laboratórios biopolíticos, equipados com todos os dispositivos tecnológicos de poder: *exercício integral do poder*, "cuja decisão soberana incide sobre uma matéria viva que habita um limiar de indiferenciação entre o humano e o inumano. Eles são o não-lugar no qual vigoram as regras de um parque in-humano".[59]

Viver com um *psicótico moralista* e o seu poder total sobre o outro produz algo semelhante: pessoas que habitam o limiar entre a vida e a morte, esvaziadas de vida, sem narrativa e sem nenhum pensamento. Revejam o filme e percebam com que acuidade Sam Mendes descreve a figura da esposa sem nome "produzida" na relação com o fuzileiro naval aposentado – Coronel Frank Fitts (Chris Cooper) – que, diga-se de passagem, era um admirador incondicional do nazismo.

Estará a esposa do fuzileiro naval, equiparada por nós à figura do *muçulmano nos campos de concentração,* doente, com alguma doença física? Ao longo do filme nos damos conta que não, ela não está doente fisicamente, sua doença é só o seu marido, o *psicótico moralista*, ex-fuzileiro, perseguidor dos homossexuais e, claro, ele mesmo um homossexual que não se assumiu! Que *lugar existencial* ocupam no *vínculo mortífero* que estabeleceram? E, fundamentalmente, como um produz e reproduz o outro, espelhando-se na patologia?[60]

59. Id. ibid., p. 126.

60. Precisamos pensar este par e seus *modos de ser* dentro de uma *escala* de 1 a 1000: grau máximo e grau mínimo. Mas, em geral, podemos reconhecê-los pelas características que aqui estamos discutindo.

A) Bion e a psicose no cotidiano

Para melhor compreender essa família constituída por Frank Fitts, sua esposa sem nome e seu filho Ricky Fitts, valer-me-ei de W. R. Bion (1994), psicanalista inglês e discípulo de Melanie Klein.

Bion tem algumas páginas memoráveis em *Estudos Psicanalíticos Revisados*; já chamei a atenção dos leitores para o capítulo "Diferenciação entre personalidade psicótica e personalidade não psicótica".[61] Nele, Bion trabalha com pacientes esquizofrênicos e descreve a personalidade como tendo uma parte psicótica e uma parte não psicótica. Lembro os leitores que essa descrição da personalidade, da mente, é *funcional* e *geográfica* – não é *fisiológica* (BION 1994, p. 60, nota 1). Em linhas muito gerais, Bion segue Freud: na parte não psicótica da mente, o ego, em virtude de sua submissão à realidade, suprime uma parte do Id (a vida instintiva) através do recalque por exigência do *princípio da realidade*; com isso desenvolver-se-ia o aparelho mental e, então, a atenção, a memória, o discernimento, o pensamento e a tolerância à frustração (BION 1994, p. 58). Todavia, é importante dizer que, partindo das contribuições freudianas e kleinianas, Bion ampliou, e muito, o que quer dizer *pensar*.[62]

Essa compreensão da mente foi universalizada para toda a clínica bioniana: a personalidade tem uma parte psicótica e

---

61. Nesse precioso capítulo, Bion não leva em conta o *meio*, ou seja, o *ambiente*. Minha intenção é encarnar as contribuições teóricas de Bion e, para isso, minha *escuta* no consultório foi e é fundamental; a partir dessa escuta, a encarnação aludida ganhou colorido.

62. Em particular no capítulo "Uma teoria sobre o pensar".

uma parte não psicótica, e cabe sempre ao analista não perder de vista a parte psicótica da personalidade de seus pacientes. Para os bionianos, é do interjogo entre as duas partes da mente – a parte psicótica e a parte não psicótica – que nasce a criatividade.[63] Não raro, porém, esse interjogo entre as duas partes da mente se estanca e se institui uma *barragem defensiva* entre as duas partes da mente (SAPIENZA 1992). Quando tal se dá, a parte psicótica da mente se agiganta e tende a roubar para si todas as forças vivas da personalidade. É exatamente esse o caso de Frank Fitts. A loucura do Coronel Fitts não rompe com a realidade e, por isso, é melhor compreendida se tivermos presente a construção bioniana.

É exatamente isso que Bion nos permite compreender: a *psicose no cotidiano*. A loucura que *não rompe com a realidade* tem, como seus representantes, os *moralistas psicóticos,* pessoas tidas, não raro, como cidadãos exemplares e, todavia, capazes de lesar o outro — em geral, seus familiares, através de *vínculos mortíferos*; mas não só estes, pois eles, os *moralistas psicóticos,* estão em toda parte: nas universidades, nas escolas, nas igrejas, no exército.

B) A PSICOSE DO CORONEL FRANK FITTS

Quem agiganta a parte psicótica da personalidade, praticamente engolindo a parte não psicótica, é guiado por *fantasias onipotentes* – uma ou várias *fantasias onipotentes.* Lembremo-nos de que essa parte da mente é constituída por conteúdos oníricos, um mundo de sonhos virgens, não do-

63. Ver WOLFF (2012).

mesticados e que nunca foram conscientes, nem são produtos da experiência com o outro. Como afirma Bion (1994, p. 65): "... tem-se a impressão de que o inconsciente foi substituído pelo mundo dos conteúdos oníricos".

Quero com isso dizer que a parte psicótica da mente não tem o que os freudianos chamam de "inconsciente reprimido" e não tem repressão. No caso de Frank Fitts, ele é nostálgico do nazismo e colecionador de armas e quinquilharias nazistas – pratos com a marca da suástica, por exemplo. Podemos então imaginar que tipo de *fantasia onipotente* guia a parte psicótica da mente do Coronel Fitts! Já o psicótico no sentido bioniano não lê sua(s) *fantasia(s) onipotente(s)* como tais, como sendo *fantasias,* mas como *fatos* – e aí reside uma compreensão preciosa de Bion (1994, p. 59). Vale dizer, o psicótico bioniano não tem acesso às suas *fantasias onipotentes* e obedece a seu comando como se fossem *fatos.* Isso complica muito o quadro, porque a mente do psicótico tem algo de petrificado, inacessível e não simbólico. Deriva daí, a meu ver, a rigidez do que Bion chama de *pensamento psicótico*, que a seguir discutiremos.

Ora, é exatamente esse tipo de *fantasia onipotente* comandando a parte psicótica da personalidade do Coronel Frank Fitts que ataca e destrói a realidade e a capacidade de pensar, seu aparelho mental. É preciso compreender que o *aparelho mental* é, para Bion, fundamental para que haja pensamento e, então, ação na realidade compartilhada. Do ponto de vista bioniano, porém, aparelho mental e pensamento pertencem à parte *não psicótica* da mente.

Só pensamos e agimos no mundo, na realidade, com a parte não psicótica da personalidade. Valho-me das palavras do próprio Bion para mostrar aos meus leitores o poder dessas *fantasias onipotentes* não conscientes por definição: “Pelo menos no que se refere aos pacientes que teríamos chance de encontrar na prática clínica [...], o contato com a realidade é *mascarado* pelo predomínio, na mente e na conduta do paciente, de uma fantasia onipotente que visa a destruir a realidade ou a consciência que tenha dela e, assim, atingir um estado que não é de vida nem de morte” (BION 1994, p. 59, grifo nosso). Em função desse mascaramento, a realidade compartilhada aparece ofuscada, algo onírica, e ainda assim deve ser destruída!

Ora, a *fantasia onipotente* de Frank Fitts tem ódio à realidade e, quando Frank pode, ataca-a de maneira cruel: não nos esqueçamos de que foi ele quem matou Lester Burnham (Kevin Spacey). Esse ódio à realidade ataca de maneira visceral o próprio aparelho mental de Frank, que deveria permitir pensar a realidade.

O psicótico, já sabemos, não pensa nada se tivermos presente o pensar de uma pessoa saudável: dialógico, capaz de se por no lugar emocional do outro, capaz de mudar de perspectiva, capaz de produzir numerosos *insights* enquanto fala. E, todavia, existe, segundo Bion, um *pensamento psicótico,* como o Coronel Fitts mostra com clareza, pois o *pensamento psicótico* vive de certezas e é por definição não dialético, ou seja, não dialógico. O *pensamento psicótico* é cheio de certezas e é um *sabe-tudo* rígido. Quem convive com um psicótico no cotidiano, no sentido bioniano, sabe que a sua palavra é *lei*, com ele simplesmente não se discute.

Não existe um *outro* na mente do Coronel Frank Fitts, e quem convive com *psicóticos moralistas* rapidamente se dá conta disso. O *outro* – todos os *outros* – funciona para o psicótico como *extensão de si mesmo*, não se lhe opõe como diferença. O psicótico não conhece a diferença. Poderiam perguntar-me como ele se relaciona com os outros, com o mundo? Basicamente por *identificação projetiva*, quero dizer, por *projeção:* ele evacua sobre todos os outros pequenos fragmentos de seu próprio ego, que Bion chama de *objetos bizarros* (BION 1994, p. 60).

De novo, o Coronel Frank Fitts é exemplar como homossexual não-assumido e negado, que lê o mundo através dessa lente: bate impiedosamente no seu filho, Ricky Fitts, por considerá-lo homossexual, e mata o seu vizinho pelo mesmo motivo. Lê o *outro*, todos os *outros*, através das *identificações projetivas*, vale dizer, pela evacuação de fragmentos negados de seu próprio ego.

O Coronel Fitts não pensa nada, já vimos, porque pensar é *multiplicar sentidos, multiplicar pontos de vista*. Muitas são as condições para que haja pensamentos. É preciso ter conquistado a capacidade de simbolizar e, sabemos através dos estudos de Hanna Segal (1957), que o psicótico não simboliza – só equaliza: as palavras são as próprias coisas reais que elas designam (BION 1994, p. 61).

O *pensamento psicótico* é *lei*, lei imposta a si mesmo e ao *outro*, todos os *outros*, já que o mundo do psicótico é o *mundo do Um*, sem alteridade, e todo o mal do psicótico, suas partes inconfessáveis, são lidas por ele como se estivessem "lá fora", no *outro,* todos os *outros.* Conviver com um psicótico bioniano não é fácil e aqueles que lhe são próximos sofrerão muito com esse cidadão não raro visto como exemplar e respeitável, em posições de poder e autoridade! Vamos trabalhar em seguida o destino – porque é um destino – daqueles que o cercam: a esposa sem nome e o filho.

c) A aliança mortífera do Coronel Frank Fitts com a sua esposa sem nome

O Coronel Frank Fitts jamais aparece em um consultório de psicanálise – sem chances! Ele não tem condições psicológicas para isso, pois é ele quem *sabe* e a petrificação do psiquismo e do mental lhe permite viver sem criatividade, mas também sem sofrimento, já que tudo que o incomoda é evacuado, valendo-se de cisões e identificações projetivas. Seu sofrimento – e há, sim, muito sofrimento – não lhe é acessível! A tendência é terminar seus dias rígido e petrificado e na mais extrema solidão, pois não há condições de perscrutar a si mesmo, já que é – no dizer de um paciente meu a respeito de seu pai – um *monólito maciço,* e *monólitos maciços* não podem fazer perguntas para si mesmos, pois não se dividem no "dois em um", como propõe Arendt em *A vida do espírito* (1992, p. 141).

Quem vem então para o consultório são as "esposas sem nome" e os filhos do Coronel Frank Fitts. Ninguém fica com um *psicótico moralista* se não tiver "antecedentes", ou seja, se não tiver convivido com um pai e/ou uma mãe – às vezes são muitas as gerações que repetem isso – também *psicótico/a(s) moralista(s)*. Uma filha de pai e/ou mãe *psicótico/a moralista* nunca escapa de um "encontro erótico" que dê continuidade à sua triste saga de ser nulificada. É essa então a minha hipótese para a esposa sem nome do Coronel Frank Fitts.

Ao encontrá-lo, Eco – porque nos inícios são *figuras-personalidades,* são ecos, com um ego muito fraco, em geral sem existência, com muito pouco contato com a realidade, desejando o desejo do outro por pura inexistência – regozija-se com a figura de Narciso (nos inícios, é isso que o psicótico moralista é, um Narciso). Para Eco, Narciso parece ser tudo que ela não é: ele parece ter existência, ter um ego forte, ter realidade. São, porém, projeções em Narciso das carências de Eco.

Uma vez o jogo montado, ou seja, uma vez *vinculados* os dois personagens, o jogo será destrutivo para ambos: Narciso, futuro *psicótico moralista*, desvalorizará e atacará Eco, futura *muçulmana*, – cotidianamente e sem tréguas. Ela será destruída e roubada da sua existência, do seu desejo, do seu ego, da sua realidade. E, muito em breve, será também roubada do nome, da fala, da linguagem, da memória, de qualquer criatividade, da sua narrativa. Tornar-se-á *muçulmana*. E ele, a cada ataque destrutivo, ganha rigidez e petrificação. A destruição dela é a destruição dele!

Moralista psicótico/a e seus filhos/as

Os filhos e filhas de *psicóticos moralistas* e das ninfas como Eco lotam os consultórios de psicanálise. Chegam sempre desesperados, neles tudo é desespero. A seguir, oferecerei três estágios – não necessariamente progressivos – mentais, psíquicos e emocionais desses filhos/as que povoam os consultórios e que me têm permitido uma escuta muito especial. Só voltarei a Ricky Fitts, o filho de Frank Fitts, e sua esposa sem nome no terceiro estágio.

a) Filho ou filha acorrentado/a e sem saída

Filho ou filha de peixe, peixinho é! Quem sofreu – e o verbo sofrer aqui é proposital – um *vínculo* com um pai e/ou uma mãe *psicótico/a moralista,* cujo parceiro necessariamente é *Eco* ou já *muçulmano,* é *peixinho.* Difícil, muito difícil não ser.

O que varia a meu ver são os *recursos emocionais* – ou a ausência deles – *inscritos na singularidade, no idioma pessoal* desse filho/filha de pai e/ou mãe psicótico/a. Partilho da ideia de que há um *potencial inato, um self verdadeiro*, que deve ser levado em conta nos filhos e filhas de pais *psicóticos moralistas* e que esse idioma pessoal, essa estética, como nomeia Bollas, fará a diferença e mostrará possibilidades de saída do quadro herdado, da *maldição dos Átridas*.

Observo, nesses idiomas, a agressividade, a força da singularidade, a profundidade, a capacidade estética, o amor, a gratidão: disso tudo depende uma espécie de contra-processo[64] nos inícios da vida e também as possibilidades terapêuticas que permitirão retomar novos caminhos, o desdobramento do *self*, um destino, uma cura criativa para a *maldição*.

Nos casos mais graves que acompanhei estão aqueles em que há uma clara disparidade entre a parte psicótica da personalidade e a parte não psicótica. Nesta última, já insinuamos, há um inconsciente reprimido, há, portanto, recalque, um aparelho de pensar pensamentos, capacidade de frustração, atenção, concentração, memória, simbolização e muitos pensamentos. Todavia, não são raros os processos em que há uma crescente disparidade entre as duas partes, e a submissão da personalidade como um todo à parte psicótica, com suas *fantasias onipotentes*, *vínculos mortíferos* não simbolizados, muita agressividade. Ao longo dos anos, segundo Bion, essa disparidade pode se transformar em um fosso intransponível (BION 1994, p. 64).

Chamo também a atenção do leitor para as *fantasias onipotentes* não conscientes e que acenam com uma paz sem fissuras e sem faltas para a personalidade como um todo e que podem ser de poder, de saber, de amor e muitas outras; não consciente delas, a frustração dessas *fantasias* é impossível. A frustração pertence à parte não psicótica da mente, não à parte psicótica!

---

64. "Mesmo que, por meio de um contra-processo, a criança em desenvolvimento venha a se opor aos idiomas maternos de transformação, algo do processo materno se denuncia nesta alternativa selecionada" (BOLLAS 2000, p. 14).

Como *funciona* uma mente que enfrenta essa disparidade? Bion descreve muito bem a síndrome de Sísifo[65] desta personalidade. Enquanto persistir a predominância da parte psicótica, há uma *repetição infernal* de um ciclo de sofrimento: a personalidade está sempre a *restaurar o ego* – e o aparelho de pensar pensamentos – a fim de enfrentar as tarefas impostas pela realidade e firmar-se no mundo compartilhado (BION 1994, p. 73).

No entanto, a predominância da parte não psicótica da personalidade tem tempo marcado e dura só até o momento em que alguma frustração se impõe às *fantasias onipotentes*, que não são passíveis de serem frustradas, pois não são conscientes e são vistas, já discutimos, como *fatos* e não como *fantasias*. Quando a frustração chega, e ela sempre chega, a personalidade psicótica conduzida por essas fantasias desencadeia *ódio à realidade*, vista como responsável pela frustração, e ataca sem dó a parte não psicótica da mente: ataca a realidade interna, ataca o aparelho de pensar e o ego, que nos permitem, exatamente, o contato com a realidade!

Traduzo assim o ataque: fuga para a parte psicótica da personalidade, que funciona como "refúgio psíquico"; e, nesse refúgio, alguma droga (maconha, álcool, televisão, medicamentos, sono excessivo, exercícios físicos até a exaustão), qualquer coisa que anestesie, qualquer coisa que entorpeça, é bem-vinda. Então, a personalidade emerge em frangalhos, porque esse auto-ataque não é um ataque qualquer, já que a pessoa ataca os *elos de ligação,* os *vínculos inscritos na realidade interna*, que são exatamente os que

65. "Síndrome de Sísifo" é uma imagem minha, não de Bion.

permitem o pensamento (BION 1994, p. 61).

Quando isso se dá, e após algum tempo, a personalidade não psicótica "volta a si" e passa a *restaurar o ego* e o *aparelho mental* para ter condições de lidar de novo com a realidade, com as tarefas cotidianas, com os vínculos – se é que restou algum! Até que um novo ataque se dê. A personalidade pode viver assim anos, décadas, a vida inteira, e isto por vários motivos, dos quais destaco um: o que Freud chama de *viscosidade da libido,* quando há processos psíquicos e mentais herdados. Essa *viscosidade* impede o sucesso das interpretações, o *ciclo infernal* se repete e a parte psicótica da personalidade ameaça engolir a parte não psicótica.

Como ajudar o paciente a sair desse ciclo infernal e desse sofrimento indizível? Anos de análise familiarizam paciente e analista com o movimento pendular, com os ataques aos vínculos internos e externos. Após muitas interpretações de vínculos, principalmente os *vínculos mortíferos* com o pai e/ou mãe *psicótico moralista* e seu parceiro *Eco* ou já *muçulmano,* após muitas interpretações em torno das defesas e dos "refúgios psíquicos" ... o movimento pendular persiste: a síndrome de Sísifo parece que nunca vai ceder.

B) Uma possível saída terapêutica para os filhos acorrentados

A familiaridade do paciente e do analista com os processos psíquicos é fundamental, como já disse. Mas já muito interpretado e muito familiarizado, o ego da pessoa se mantém

– e isso é por demais desafiante – voltado para a parte psicótica da mente e a *sensação*, como tão bem descreve Bion (1994, p. 61) é de *aprisionamento*.

O contato com a realidade da parte não psicótica da mente é embaçado, esfumaçado; não é agudo e visceral. Atribuo isso à atenção constante do ego na parte psicótica da personalidade. A que se deve essa atenção, essa concentração do ego na parte psicótica? É como se os olhos do paciente – o ego – estivessem atentos ao que ocorre "lá atrás" e não se volta para a frente, onde a realidade compartilhada habita. E a síndrome de Sísifo persiste.

Nos casos em que tive algum sucesso contei com muita familiaridade e muita interpretação e, todavia, a síndrome de Sísifo só cedeu, ou melhor, começou a ceder quando a interpretação incidiu não nos objetos internos, não nos refúgios, não nos ataques, mas no que chamei de *atmosfera afetiva dos primórdios*.

A parte psicótica da mente não acolhe interpretações – quem o faz é a parte não psicótica. A primeira parece inamovível e, no entanto, se mostra e se diz através de *atuações*. É *atuando* que a parte psicótica *rememora*. Quando este fato se tornou familiar para mim e para a paciente, algo novo se produziu e fico muito contente em não ter denunciado para o paciente, como costumam fazer os psicanalistas: "Você está atuando"!

Como se sabe, "atuar" e "agir" são conceitos diferentes na psicanálise, e "atuar" é passível de interpretações críticas. Pois é, eu não denuncio e continuo a prestar muita atenção, a observar e ter especial carinho em relação às *atuações*, pois serão elas a revelar o que chamei acima de *atmosfera afetiva dos primórdios*.

É nela, nessa atmosfera primordial, que tudo começou: começou o movimento mesmo da libido, a síndrome de Sísifo. Pois é: começamos (o paciente e eu) a só prestar atenção nos, digamos assim, *movimentos libidinais* – e não mais nos objetos. Como o paciente articula os seus jogos vinculares e como através deles restabelece um clima afetivo paranoico, de fuga para a parte psicótica, de ataques aos vínculos, ódio à realidade, ataques ao aparelho mental e então restauração do ego. De repente, vamos nos dando conta de que esses *movimentos libidinais* são *atuações rememorativas* dos primórdios ao encontrar um *ambiente emocional familiar* que não reconhecia minimamente a singularidade do/a paciente. Daí resulta o desencadeamento da agressividade, os ataques, as fugas, a paranoia de ser descoberto em seus *refúgios psíquicos*.

O *movimento da libido* ou *atmosfera afetiva primordial* é uma importante chave, base da interpretação da parte psicótica com os seus segredos e o porquê da fuga para lá![66]

---

66. Ora, para Bion, o único lugar sensato para onde o paciente deveria fugir é em direção à parte *não psicótica* da mente, para o aparelho mental de percepção da realidade. Cito Bion: "O paciente se sente aprisionado no estado mental que atingiu e impossibilitado de escapar do mesmo, *porque sente que lhe falta o aparelho mental de percepção da realidade, o qual é, ao mesmo tempo, a chave para a fuga e a própria liberdade para onde fugiria*" (BION 1994, p. 51, grifo nosso). Esse tipo de paciente não é nada sensato pois foge exatamente para a parte psicótica da mente! Cabe-nos então compreender o porquê.

Às vezes – já insistimos – a realidade compartilhada que a criança experiencia na família é tão avessa à sua singularidade que refugiar-se na parte psicótica da mente e criar refúgios psíquicos pode ser uma boa opção para não sucumbir. Quando compreendemos isso, as *fantasias onipotentes* podem tornar-se conscientes e, com isso, dá-se a desmobilização dessas fantasias como guias da personalidade como um todo. É o reconhecimento consciente e a desmobilização das fantasias onipotentes que põem fim à síndrome de Sísifo.

Se, todavia, o/a filho/filha de pai/mãe moralista psicótico e seu/sua parceiro/a, a *Eco/muçulmano(a)* se encontrarem, se reencontrarem, por mais analisados que os *peixinhos* estejam, tendo já abandonado o ciclo infernal de Sísifo, tendo já desmobilizado as fantasias onipotentes, estando infinitamente mais integrados; se, todavia, pais e filhos, mães e filhas se encontrarem, os *lugares existenciais* voltam a "falar" como se detivessem o segredo da patologia: o filho ou a filha regride; e de novo não se veem como existentes, de novo perdem a realidade e, atenção, depois de um encontro desses no Natal e/ou na Páscoa, o ciclo infernal de Sísifo pode ser uma vez mais reiniciado.

Uma palavra ainda sobre *transferência* e *contratransferência*. Uma paciente em particular muito me ajudou a compreender isso. Chegou ela para a primeira sessão e me disse:

> — Tinha vários nomes de analistas e escolhi você porque você é antropóloga.
>
> — Sei! – disse eu.

— Eu quero fazer análise com uma antropóloga e não com uma psicanalista por causa do meu pensamento, que é mágico, e também porque sei que com uma antropóloga eu posso falar de tudo e ... que antropólogo não fecha o problema.

Fiquei quieta frente a essa inusitada abordagem, as sessões transcorreram e rapidamente me dei conta do porquê da escolha da paciente incidir na antropóloga e não na analista. Como todo/as os/as filhos/as de *moralistas psicóticos*, a paciente chegou e fez as primeiras sessões com a *palavra-em-desespero*: era pura agonia; senti-me muitas vezes aflita e com poucos recursos para ajudá-la. De repente, percebi como acalmá-la – e isso já tinha acontecido com outros filhos e filhas sem que eu tivesse capacidade de compreender: sobre qualquer assunto, sobre qualquer fato, eu oferecia muitas perspectivas de compreensão, simplesmente não fechava a questão, não dava nada como certo e/ou acabado, deixava tudo em aberto. Compreendi então, na medida em que o desespero nela – e também em mim – ia cedendo, porque ela tinha escolhido a antropóloga e não a analista. Todos sabem que o antropólogo sabe "lançar olhares", "multiplicar olhares" sobre qualquer objeto, fazer dele, do objeto, um "mosaico de olhares" e, então, um outro objeto de atenção. É esse o fazer do antropólogo e, então, a paciente soube escolher alguém muito diferente do *monolito maciço.*

A partir de então, penso muito na especificidade da transferência e da contratransferência com os filhos e filhas de *moralistas psicóticos.* Eles não podem "sentir o cheiro" simplesmente do *monólito maciço*, quero dizer, de uma mente fechada, de uma lei. Parece-me que qualquer fechamento, mesmo o fechamento aparentemente tão natural de o analista pertencer a uma "escola" de psicanálise – do tipo lacaniano, bioniano, junguiano –, mobiliza nesse tipo de paciente a Sra. Bates[67] e, com certeza, uma vez despertada, a Sra. Bates é *transferida* para o/a analista e, se o/a analista não for hábil em interpretar a transferência *sem falar,* com muita probabilidade a análise não encontrará caminhos.

c) Saída estética para os que têm muita saúde psíquica

Pela maneira como lida com seu pai, Ricky Fitts parece ter muita saúde psíquica, emocional e mental. Claro que ele deve ter aprendido a lidar com o coronel depois de muitas surras e uma internação de dois anos em uma clínica psiquiátrica, o que nos remete a *Bicho de Sete Cabeças* – filme dirigido por Laís Bondanzky, baseado no livro autobiográfico *Canto dos malditos,* de Austregésilo Carrano Bueno. Ricky foi internado porque um colega do colégio fez a besteira de caçoar do cabelo dele e ele então atacou o colega. Se não fossem separados, Ricky teria matado seu momentâneo adversário. Ricky conhece um ódio sem limites e é muito agressivo. O problema que antecede essa briga no colégio é a maconha; Ricky fuma maconha e isso é visto com maus olhos pelo Coronel Frank, razão pela qual o filho é surrado e humilhado. Sem base de sustentação no pai e/ou na mãe, tendo o pai como inimigo visceral e a mãe sem nenhuma

---

67. Personagem do filme *Psicose*, de Alfred Hitchcock.

voz, o ódio de Ricky só ganhará outros caminhos quando ele encontrar outra base de sustentação. Funciona exatamente assim nos muito *feridos* e essa outra base de sustentação que dá novos caminhos para o ódio pode ter múltiplas faces.

Saindo da clínica, Ricky desenvolveu uma capacidade singular de lidar com a loucura paterna e materna. Finge obedecer ao pai, os desmandos de um *pensamento psicótico*: "Sim, pai, o senhor tem razão" passa a ser uma espécie de refrão para Ricky, ao mesmo tempo que fuma e trafica maconha, guarda dinheiro proveniente do tráfico e se prepara para deixar sua triste família. Desenvolveu também um inusitado gosto estético pela morte: fotografa com muito prazer animais mortos e parece equalizar vida e morte. Também acompanhou os últimos instantes de vida de uma sem-teto que morria de frio: leu a beleza da sua morte! E olhava em êxtase a beleza da morte de Lester Burnham, que no final do filme será assassinado pelo seu pai, Frank Fitts. Vida e morte dão-se as mãos na mente de Ricky e ele vê muita beleza no mundo e em tudo que há. "É difícil ficar zangado quando há tanta beleza no mundo", diz ele. Ricky tem um dom estético, não porque seja músico ou escultor; seu dom estético manifesta-se na apreciação mesmo da Vida, de suas formas, do seu brotar e do seu perecer.

A chave do *modo de ser* de Ricky aparece numa das mais belas cenas do filme: quando filma por quinze minutos um saco plástico "dançando" ao vento, dançando maravilhosamente para Ricky e para nós, os espectadores.

Cito a fala de Ricky:

> O saco plástico dançou para mim como se fosse uma criança chamando para brincar. Por 15 minutos. Foi quando entendi que havia essa vida toda por trás das coisas e que não devemos ter medo … E essa incrível força benevolente que dizia não haver razão para ter medo. Nunca. Em vídeo não é a mesma coisa. Eu sei. Mas ajuda a lembrar. Às vezes há tanta beleza no mundo que parece insuportável e meu coração parece que vai sucumbir...

Na filmagem do saco plástico dançando ao vento, metáfora da vida, percebemos que há um outro campo de sustentação para a vida manifesta e que está para além do visível. É exatamente esse campo de sustentação que dá forças a Ricky Fitts, que o torna tão singular e que lhe permite enfrentar emocionalmente o seu pai, perceber sua loucura e não se confrontar, nem se confundir com ela. Melhor partir com a sua namorada, filha de Lester Burnham: durante todo o filme, Ricky aguarda o momento certo para ir embora viver a vida, sustentado por esse "campo invisível", traduzido pela sua apreciação estética da Vida, sempre entremeada de Morte.

Quando Lester Burnham morre, ao repassar nos últimos minutos sua vida e suas lembranças, de novo entra em cena o saco plástico deixando-se levar pelo vento. Na hora da morte temos de novo contato, como espectadores, com o *campo invisível* que no filme é metáfora do ontológico, ou seja, de um campo que, se levarmos em conta o tempo, antecede os indivíduos, todos os indivíduos. Gilbert Simondon (2020) o denomina de *meta estável*: energia intensa, densa e tensa, indeterminada e pouco estruturada.

Tenho um palpite: Sam Mendes deve ter emprestado a Ricky muitos elementos autobiográficos, pois não é possível falar desse *campo invisível sustentador* se não tivermos dele a experiência. O filme tem algo do pensamento-experiência budista, trazendo à tona o *campo invisível*, o *lugar vazio* de que nos falavam Kitaro Nishida e Keiji Nishitani.

Conto a seguir o sonho de uma paciente, ela também um peixinho, filha de mãe moralista psicótica e pai *Eco-muçulmano:*

> Caí do planeta Terra e estou mergulhando de forma vertiginosa no cosmos. Vejo as estrelas e penso quão maravilhoso é tudo isso. Penso que não é mais possível voltar e então vou me dar o direito de contemplar o infinito estrelado. De repente me sinto amparada por uma massa invisível, absurdamente sustentadora e que me dá incrível segurança. E posso navegar nessa massa invisível, posso ir para onde quero, posso voltar para a Terra se assim desejar. Meus movimentos são precisos e estou incrivelmente veloz. Sinto liberdade e segurança como jamais senti.

Posso garantir que essa paciente percorreu os três estágios: (1) viveu a síndrome de Sísifo de maneira bruta; (2) descobriu a *atmosfera afetiva primordial* e então os primeiros movimentos libidinais presentes na síndrome de Sísifo; e (3) agora contata, claramente e através do sonho, a *massa invisível*, o *campo invisível* que a amparava e lhe dava incrível liberdade.

Estamos aqui sempre às voltas com os *lugares existenciais*. Alguns filhos/as de pais-mães *moralistas psicóticos/as* às vezes deslizam e encontram base de sustentação nos elementos – água, terra, ar, fogo – e, não raro, é a própria *physis* que funciona como "mãe arcaica", *um brotar incessante de mundos*. Como esse deslizamento se dá e porque alguns encontram aí amparo e sustentação e outros não, isso não me é compreensível. Ricky Fitts e a minha paciente encontraram amparo e sustentação no *invisível* de onde a Vida brota e perece.

O Clã

Amnéris Maroni

Introdução: Medo e Perplexidade

É extraordinário o filme *O Clã* (*El clan*, 2015), de Pablo Trapero – diretor de obras marcantes como *Leonera* (2008), *Abutres* (2010) e *Elefante branco* (2012). Também extraordinária é a atuação de Guillermo Francella – conhecido ator de comédias, um nome associado, pois, ao humor! –, que representa Arquímedes Puccio. Trapero nos conta que, ao fazer o convite para Francella, ele aceitou ser odiado pelo público e isso é muito difícil para esse tipo de ator. Peter Lanzani dá vida ao personagem retraído e complicado de Alejandro Puccio e Lili Popovich interpreta a mãe e esposa: Epifanía Puccio. *El clan* foi uma das gangues mais conhecidas da Argentina, a gangue da família Puccio.

A direção, a trilha sonora, as atuações desse filme retratam uma história real dos anos 1980 e são tão agudamente certeiras que dele saímos perplexos e com muito medo de que essa história, que permitiu a emergência de tal gangue, se repita: refiro-me à sanguinária ditadura argentina e seus torturadores. Saímos do filme exatamente como o diretor Pablo Trapero gostaria que saíssemos, pois, em suas próprias palavras, ele queria que as pessoas tivessem a sensação de ter conhecido alguém real e não um personagem. Conseguiu. Arquímedes (Francella Lanzani), Alejandro (Lanzani) e Epifanía (Popovich) passaram a habitar a minha mente, querendo que eu os compreendesse.

Produzido pelos irmãos Agustín e Pedro Almodóvar, da produtora El Deseo, *O Clã* foi um sucesso de bilheteria, mais de dois milhões de espectadores na Argentina, segunda maior bilheteria do ano (a primeira coube a *Relatos selvagens*, de Damián Szifron), tocando nas feridas recentes desse povo – e também é preciso ressaltar: os argentinos prestigiam seu cinema! Indicado ao Oscar e concorrendo com o brasileiro *Que horas ela volta?*, de Anna Muylaert, *O Clã* foi também premiado no festival de Veneza: melhor direção e o Leão de Prata.

A direção, aliás, é mesmo excelente: planos-sequências que não obedecem a cronologia, cortes radicais que remetem os espectadores a jogos afetivos intensos e contraditórios entre si – a chegada violenta da polícia na casa dos Puccio quando finalmente são presos, um jogo de rúgbi, festas de campeonato e a vitória invariável de Los Pumas, um ato apaixonado de amor entre Alejandro e sua namorada. Nessa sequência contraditória, paradoxal e alucinante vamo-nos perdendo e também nos entregando ao filme, porque já nada controlamos.

Puccio é um pai de família que aparenta ser muito comum: a família tem uma rotisseria e papai Puccio varre a calçada todas as manhãs; mamãe Puccio é professora de francês (na vida real, era professora de contabilidade), os filhos jogam rúgbi, as meninas estudam. Eles rezam antes das refeições. Classe média comum, banal, aparentemente muito amorosos entre si.

Na época da ditadura, porém, papai Puccio integrou a Aliança Anticomunista Argentina e o Batalhão de Inteligência 601, unidade especial de inteligência do exército argentino. Participou ativamente da "guerra suja" e da Operação Condor. Mas eis que, na transição para a democracia e um pouco antes de chegar ao poder o governo popular de Alfonsín, papai Puccio volta à cena política valendo-se de velhos amigos da época da ditadura militar e também de seus dois filhos mais velhos: sequestram, torturam e, por fim, matam abastados filhos da classe média alta argentina, mesmo tendo já recebido resgates de milhares de dólares. Foram suas vítimas Ricardo Manoukian, Eduardo Aulet, Emílio Naum. Papai Puccio pertenceu e ainda pertence, na década de 1980, quando o filme é encenado, à burocracia de segurança do Estado e é subordinado a um comodoro (um cargo próximo ao de ministro de Estado) que, na nova etapa política, continua, ainda que por pouco tempo, a proteger e esconder os crimes de Puccio. Todos esses crimes renderam muito dinheiro à família Puccio, mas esse dinheiro nunca foi encontrado. Claro que tudo isso era feito em nome de uma inexistente organização terrorista.

Por que papai Puccio se esmera na crueldade? Exigindo que seus reféns escrevam com muito sentimento e sob seu comando bilhetes saudosos aos familiares, garantindo que estão bem e que os amam muito. Quem dita os bilhetes é papai Puccio. Por que ele faz isso? Só por dinheiro? Durante a "guerra suja", Puccio era importante, fundamental, e agora, na transição da ditadura para a democracia, já não tem importância alguma, foi posto de lado. Na "nova Argentina", os militares não têm mais prestígio e o capital internacional e a crise iminente favorecem algumas poucas famílias. Papai Puccio tem muita raiva e inveja e, operando por deslocamento, busca compensação e vingança através do crime. No fatídico dia 23 de agosto de 1985, o Clã dos Puccio chega ao fim: todos são presos e a empresária Nélida Bollini Prado, há muito tempo encerrada no cativeiro da casa, é libertada.

A família Puccio então se esfacela. Arquímedes Puccio, já vimos, fizera de Alejandro, o filho mais velho, e de Daniel (o "Maguila"), seus cúmplices. Epifanía, a esposa de Puccio, e mãe de cinco filhos, é a cozinheira do clã, oferecendo arroz com frango para os familiares e para os que viviam no sótão-cativeiro. Personagem secundária no filme, Epifanía é peça-chave da trama sinistra, pois era ela quem permitia que seu marido levasse os sequestrados para a casa da família e suportava os gritos dos torturados. Não só suportava, mas também desmentia para os filhos a gravidade do que estava acontecendo. Foi detida e presa por dois anos na penitenciária de Ezeiza e libertada por "falta de provas". Quando saiu da prisão, simplesmente desvencilhou-se do caso e retomou sua vida. Passou a morar em San Telmo, bairro histórico da cidade de Buenos Aires, e, quando a película foi anunciada, mudou-se.

Cá e lá aparecem livros que chamam a atenção dos leitores pelos títulos: *Mente perigosa: o psicopata mora ao lado*, da psiquiatra Ana Beatriz B. Silva (2008), *Sem consciência*, de Robert Hare (2013), e muitos, muitos outros. São pesquisas e livros que tentam alertar os leitores sobre a existência de personalidades perigosas, perversas, psicopáticas e sociopáticas. Essa literatura nos previne que o psicopata não é – é raro ser, na verdade – um *serial killer*, um monstro com cara de assassino; ao contrário, o psicopata pode estar na sua cama, bem próximo.

Definitivamente, o filme dirigido por Pablo Trapero tem como atrativo não o lado policial, mas o da família, principalmente a relação entre papai Puccio e o filho mais velho, Alejandro Puccio. Trapero conta-nos uma história real e diz: cuidado, o psicopata pode ser seu pai ou sua mãe!

Nesse sentido, o filme é terrível porque monta com delicadeza os vínculos entre pais psicopatas (o pai, Arquímedes Puccio, e a mãe, Epifanía Puccio) e deles com seus cinco filhos – três meninos saindo da adolescência para a idade adulta e duas meninas. E é isso que nos interessa discutir neste ensaio: como são os vínculos entre personalidades perversas-psicopatas e suas vítimas – sim, porque apesar de cúmplices de assassinatos e cárceres privados, os filhos são também vítimas do pai e da mãe.

A mãe é quem garante a invisibilidade do que acontece na casa – no filme, o cativeiro é no sótão[68] e os gritos são audíveis, mas mamãe Puccio garante que "não é nada, não é

68. Na vida real, o cativeiro da casa dos Puccio era no porão.

nada, papai faz isso pensando em nós, na família". Epifanía, cujo papel de mãe seria o de proteger os filhos, entrega-os sem vacilar à vontade despótica, psicótica e psicopata do pai. Essa mulher blindada gira em torno de sua própria órbita: a doméstica, a educação dos filhos, os valores católicos da família – como vimos, todos rezam antes das refeições e, com essas práticas, Epifanía dissocia-se e dissocia a todos do contexto criminoso: testemunham todos e todos negam o que estão testemunhando. Epifanía encarrega-se de produzir invisibilidades, atua como uma das peças do jogo perverso: a realidade é vislumbrada e negada ao mesmo tempo.

É muito curioso como a família parece funcionar amorosamente no filme, junto a uma violência inaudita. Tipicamente psicopata, pois, segundo Roberto Hare, os psicopatas por processos mentais e neurológicos são sim capazes de sustentar paradoxos do tipo: "Eu te surrei quase até a morte, pombinha, mas eu te amo" ou "após garantir ao juiz que não é violento, um psicopata afirma que semana passada matara duas pessoas" (HARE 2013, p. 134). Ou como fazia Epifanía: "Fiquem tranquilos, nada está acontecendo, o papai só faz isso pela família" e então dava um prolongado beijo no filho, seduzido e cativado por esses pais tão amorosos, que torturam e matam sem nenhuma culpa, nenhum arrependimento. Quando foram presos, Arquímedes Puccio se disse inocente, não assumiu os crimes e, com isso, permitiu que seus filhos – particularmente Alejandro e Daniel (o "Maguila") – fossem condenados à prisão perpétua.

Alianças mortíferas entre perversos-psicopatas e suas vítimas

Alejandro Puccio, a grande estrela do rúgbi, filho de Arquímedes e Epifanía, atuava no jogo sua violência e sua culpa – pois, é um fato, ele sentia culpa, pelo menos de acordo com o filme dirigido por Pablo Trapero. Filho mais velho, a ele coube toda a loucura paterna e materna e então teve sua vida roubada. Não por acaso, tenta várias vezes o suicídio após ser preso. Alejandro parece que foi o único que acordou ativamente, ainda que parcialmente, da tragédia vivida, mas muito tarde. Na prisão, estudou psicologia, outro dado que o diferencia, já que provavelmente buscava dar sentido à tragédia, que se abatera particularmente sobre ele, mas também sobre toda a família, e compreendê-la.

Como se dava o jogo entre o pai, a mãe e Alejandro? Que tipo de aliança havia entre eles? Privilegiarei Alejandro por que ele participava dos sequestros e dos "cuidados" das vítimas no cativeiro. Era, no mínimo, um cúmplice passivo do pai e da mãe. Alejandro compadece o público, pois é um ser humano dividido, dilacerado entre o amor por sua família e por sua mulher e o temor ao pai que o mantém refém psicológico, ameaçando-o e chantageando-o de diferentes maneiras.

Alejandro também resiste de alguma forma, porém, definitivamente, não vai embora: não abandona o pai e a mãe. Por quê? Daniel (o "Maguila"), o segundo irmão, também um truculento jogador de rúgbi, fugiu para a Austrália e só voltou quando Alejandro, encarregado pela mãe, foi buscá-

-lo para "ajudar o papai", que se sente inseguro para praticar os crimes sem os filhos. O caçula Guillermo, também jogador de rúgbi, fugiu a pretexto de um jogo internacional e, simplesmente, desapareceu. Esse irmão era quieto e observador. Cansou-se de testemunhar o que ocorria no sótão e então fugiu. No aeroporto, convocou Alejandro para que fizesse o mesmo. Guillermo nunca mais deu notícias para a família, não foi processado como cúmplice e, dele, ninguém nunca soube o paradeiro.

Por que Alejandro não foi embora? Que laço mantinha com os pais que o impediu? Alejandro sentia culpa, queria se casar com uma sueca que conhecera e vivia forte ambivalência com o pai: temia-o, amava-o e odiava-o ao mesmo tempo e intensamente. Já na prisão, quase o mata, esmurrando-o sem piedade. Antes mesmo de ser processado, tenta se suicidar jogando-se do quinto andar no Palácio dos Tribunais. Não morre e tenta outras vezes o suicídio. Vale dizer, Alejandro está aprisionado ao pai e trágica e tardiamente parece se dar conta de quem era o papai Puccio.

Segundo Dunker (2010), em um excelente artigo sobre a perversão publicado na revista *Cult*, uma das três grandes estruturas da psicopatologia psicanalítica é a perversão; as outras duas: neurose e psicose. São tipos específicos de subjetividade, desejo e fantasia. A forma mais forte de perversão dá-se no confronto e no desafio à lei. O perverso pode "tomar um atalho", eleger para si "outra via", desviar-se da lei compartilhada. Ele se desgarra dos outros, torna-se alguém fora da ordem e afirma uma outra lei, cuja enunciação está doravante em suas mãos. Curiosamente, essa negação da "norma" funciona como reafirmação de sua força. Sempre segundo Dunker, para sustentarem o atalho tomado, as personalidades perverso-psicopáticas valem-se de três defesas, muito presentes em todos os membros de *O Clã:* dissociam, invertem, deslocam. *O Clã* dos Puccio, com certeza, é um bom exemplo da estrutura perversa: Arquímedes tomou um atalho, elegeu para si outra via e quanto mais negava a "norma" mais reafirmava sua força.

Quem pertence a essa estrutura perversa (pedófilos, perversos, psicopatas) impõe às suas vítimas um script roteiro construído por eles. Sem ver o outro como um outro, vale dizer sem alteridade, a perversão-psicopatia se revela não só no modo como nos colocamos, mas principalmente no lugar em que colocamos o outro diante do que fazemos. É a partir desse jogo, dessa interação que, de fato, reconhecemos que alguém é dessa família patológica e perigosa. A bibliografia psiquiátrica sobre a psicopatia insiste nos traços distintivos do psicopata, como falta de sentimentos, ausência de culpa, de vergonha, de arrependimento, de reparação e consideração pelo outro. Psicopatas não apenas praticam o mal, mas gostam de fazer o mal aos outros. Esses traços, todavia, não alcançam e não trazem à tona os vínculos que a personalidade perversa-psicopática estabelece com suas vítimas. Essa bibliografia, também, não alcança o que sente e como se sentem as vítimas do psicopata.

A bibliografia psicanalítica discute o vínculo mortífero entre personalidade perversa-psicopática e suas vítimas. No artigo já citado, Dunker afirma que, para definir a perversão, temos de resolver o chamado *paradoxo ético do ato*: "Não basta saber se ele é conforme ou contrário à lei, *mas saber qual tipo de experiência ele produz em quem o realiza e o tipo de posição que ele confere ao outro*" (DUNKER 2010). A máxima perversa-psicopática: *"O outro deseja, mas segundo a lei que eu determino"*. Não apenas vivem em outra forma de lei, criada e administrada por eles mesmos, como também forçam o outro a gozar segundo essa lei que caprichosamente criaram. Presumem um lugar especial para si mesmos, uma espécie de excepcionalidade diante da lei, e se valem da mentira, da negação, da impulsividade, da agressividade; não se preocupam com a própria segurança exatamente porque são especiais e não se integram à lei compartilhada por todos. Não sentem culpa ou remorso.

Arquímedes Puccio é também um burocrata cuja forma regrada e metódica de produzir anonimato tornou-se o grande álibi para sua perversão-psicopatia, exercida sobre suas vítimas externas. Mas não só sobre elas: Alejandro podia e deveria desejar, mas apenas de acordo com a máxima da perversão, segundo a lei determinada por Arquímedes, o pai. Não por acaso, papai Puccio afirma que construiu passo a passo, desde que Alejandro era uma criança, todos os seus movimentos na vida – o que incluía o rúgbi, praticado pelos filhos de abastadas famílias portenhas. O roteiro da vida de Alejandro foi escrito pelo pai. Durante um jantar, o caçula Guillermo, o filho mais jovem e o único que se safou, defende o sumiço de "Maguila" naquele momento, porque ele estaria "buscando o seu caminho". Papai Puccio fica muito bravo e, espantado, pergunta de onde Guillermo teria tirado essa ideia! Buscar o próprio caminho, reafirma o pai, não é senão ingratidão! Sair do roteiro escrito pela personalidade perversa não é caminho, mas des-caminho: sinônimo de ingratidão e muita culpa para o filho que tentar. O caminho de todos os filhos já fora escrito por papai Puccio. Ninguém ali tinha vida própria, nem um caminho a ser buscado! O aprisionamento de Alejandro ao pai estava estabelecido desde sempre, porque ele só estava convidado a viver o roteiro que o pai tinha feito para ele. Na prisão, antes do julgamento, Arquímedes ridiculariza e desvaloriza Alejandro: se ele era a grande estrela do rúgbi, devia isso ao pai; sem o roteiro que papai Puccio lhe impôs, ele, Alejandro, não seria nada!

E aí está outra chave da psicopatia: a conquista, os elogios quando a vítima aceita desejar a partir da lei estabelecida por um outro. Quando Alejandro ajudava o pai a sequestrar seus abastados amigos do rúgbi, ele recebia dinheiro e elogios, mas essa moeda paterna e materna poderia ser e, não raro, era seguida de intensa desvalorização, ameaças e espancamentos. Alejandro foi quase enforcado pelo pai quando se recusou a fazer um novo sequestro, vale dizer, quando recusou o roteiro do pai. A vítima do psicopata vai então cedendo à narrativa imposta pelo outro e se tornando-se um *espectro ambulante* (BÁRÁNY 2015): sem forças para tecer sua própria aventura na vida, submete seu desejo à lei de um outro.

Pai e mãe perversos-psicopatas, como muito bem mostra o filme de Pablo Trapero, valem-se também de um outro mecanismo: fazem *extração introjetiva*. Esse conceito foi desenvolvido por Bollas em um dos seus mais importantes livros: *A sombra do objeto – a psicanálise do conhecido não pensado* (1987). Trata-se de um procedimento no qual uma pessoa invade a mente de outra pessoa e se apropria de certos elementos da sua vida mental, afetiva, emocional: roubam-se conteúdos mentais, pensamentos, por exemplo, roubam-se processos afetivos, interrompendo-se, por exemplo, uma determinada sequência emocional; roubam-se estruturas mentais, o superego e, o pior roubo, o roubo do *self*, do idioma da personalidade, do destino herdado de alguém. O *self* não é uma unidade, mas um conjunto de *selves* e os pais podem, sim, roubar o que há de mais valioso em seus filhos: partes do *self*. Cito Bollas:

> A perda de uma parte do *self* significa não somente a perda de conteúdo, função e processo, mas também a perda do sentido próprio de ser. Uma perda desta natureza constitui a desconstrução de uma história; a perda da história pessoal é uma catástrofe e a pessoa pode nunca mais recuperar-se... (BOLLAS 1987, p. 166).

É uma perda irreparável. Alejandro, fiel à narrativa do pai, teve também por *extração introjetiva* partes do seu *self* roubados; roubaram-lhe o que lhe era mais próprio, mais genuíno, mais idiomático.

Enquanto a festa dos Puccio durou, Alejandro sentia a perda de si. Uma injustiça tinha sido feita contra ele, injustiça cujo nome ele não conhecia. A vingança inconsciente cobrou então seus direitos e, segundo Bollas, em casos assim, é a Lei de Talião que se impõe: olho por olho, dente por dente. Ato inconsciente, a Lei de Talião pretende recuperar a parte roubada do *self* fazendo uma violenta intrusão no outro. Roubando e sequestrando, trazendo seus amigos do rúgbi para a sua própria casa-sótão (metáfora preciosa para a *extração introjetiva*), com seus atos violentos Alejandro espelhava a experiência violenta que papai Puccio lhe impusera, ao roubar-lhe o destino.[69] "Maguila" um dia fugiu desse pai e dessa mãe e, quando condenado à prisão perpétua, deu também um jeito de fugir depois de alguns anos. Guillermo fugiu sem nunca mais dar notícias e desapareceu. Fuga obviamente não é sinônimo de cura! Alejandro não pôde fazer nem isso, não pôde fugir aprisionado e despossuído da sua história e do seu destino e, quando a festa dos Puccio acabou, sem chances de recuperar uma parte de si tão vital, ele só desejava a morte física.

O que pode salvar essas vítimas é o reconhecimento e a compreensão do *vínculo mortífero* e, no caso de Alejandro, também a compreensão da *extração introjetiva* que sofrera, quando partes vitais de seu idioma e de seu destino lhe foram roubadas. Uma boa psicanálise o ajudaria. Alejandro experimentou profundo dilaceramento com a prisão violenta e ao se dar conta de que não mais poderia se casar com a sua amada companheira. Tudo isso o levou à percepção, em alguma medida, da sua tragédia pessoal, da vida que lhe fora roubada justamente por aqueles que deveriam protegê-la.

Na prisão, como vimos, estudou psicologia, o que de-

---

69. Em *Forces of Destiny* (BOLLAS 1989), o verdadeiro *self*, o idioma da personalidade, é também chamado de destino.

monstra seu interesse em compreender os caminhos que o levaram à tragédia. Obteve a condicional em 2007 e morreu vítima de convulsões que o acometeram seguidamente depois da sua primeira tentativa de suicídio, quando se jogou do quinto andar em 1986. Ninguém foi ao seu enterro.

Intensos e múltiplos processos de negação: síndrome de Bartleby.

A *síndrome de Bartleby* está em alta nos tempos sombrios que atravessamos. O "prefiro não", insistentemente repetido pelo escrevente Bartleby na novela de Melville (2015), no final do século XIX, parece ganhar aguda atualidade, tornando-se quase epidêmica na contemporaneidade.

Numa civilização niilista, desencantada, os múltiplos e intensos processos de negação ganham vigor a cada dia que passa. Muito embora Alejandro, cá e lá, pareça vislumbrar a tragédia em que está metido e também perceba o autor dessa tragédia, o papai Puccio, ele também negou, como os demais membros da sua família, ser parte ou ter feito parte do clã e, com isso, negou sua responsabilidade nos crimes que o levaram à prisão perpétua. Tamanha era a sua força de negação que nem seus amigos do rúgbi, nem sua noiva acreditaram em sua culpa e o defenderam por muitos anos. Como Alejandro, Maguila também "preferiu não". Condenado a 13 anos, na primeira liberdade condicional, em 2013, fugiu para o Brasil. Em 2019, com a pena argentina já prescrita, foi preso no Brasil por portar documentos falsos.[70]

É sabido que perversos-psicopatas manipulam até os juízes que tentam julgá-los. Papai Puccio valeu-se da defesa da inversão e vestiu a roupa da vítima: fora obrigado a sequestrar e matar, coagido por maus elementos! Não convenceu e foi condenado à prisão perpétua, mas, como Bartleby, valeu-se da negação do "prefiro não": nunca reconheceu seus crimes e sustentava ser um patriota e um preso político. Em liberdade condicional, passou a exercer a profissão de advogado e morava em uma pensão quando morreu aos 83 anos. Ninguém foi ao seu enterro. Mãe e filhas e a noiva de Alejandro também seguiram Bartleby e valeram-se da negação – do "prefiro não": negaram todas ter conhecimento do que se passava no pacífico-violento lar dos Puccio.

Somos obrigados a concordar com Dunker, quando diz que hoje a perversão é generalizada e silenciosa, e acrescentamos que os processos de negação que mimetizam Bartleby ("prefiro não") são intensos e múltiplos. Basta olhar o nosso cenário político nacional. Por esses motivos, saí do cinema perplexa e com muito medo, porque é notório que cá e lá – e devo dizer cada vez mais –, no Brasil e na América Latina, está presente a ameaça de uma situação que permita a aberração de um clã Puccio.

---

70. A última notícia sobre Maguila é de dezembro de 2020. Ele estava em liberdade provisória em São Paulo, aguardando julgamento, quando conseguiu autorização da Justiça para visitar a mãe na Argentina. Aos 88 anos, Epifanía, que usava o sobrenome Calvo desde a prisão do marido, estava em tratamento por câncer de cólon.

III

Alianças mortíferas na política

Vazante

Amnéris Maroni

Vazante (2017), de Daniela Thomas, é inigualável, um filme de arte sob todos os aspectos. A linguagem do filme é dada pela fotografia, belíssima, uma espécie de comunicação intensiva, capaz de criar uma atmosfera emocional, transmitindo as intenções da diretora e do fotógrafo Inti Briones em parceria genuína. No início do filme, a fotografia dá conta da Gaia mineira, da paisagem grandiosa de Minas Gerais, frente aos homens algo insignificantes. A poesia habita cada foto: um córrego de água cristalina, montanhas gigantes, mil gotas de chuva escorrendo pelos corpos nus dos escravos.

A direção do filme aposta na lentidão, não há pressa em *Vazante*, onde a opressão é o principal protagonista. Nos inícios do filme, a viagem de volta do Sr. Antônio (Adriano Carvalho) para a vila de Vazante, junto com a carga: escravos amarrados e recém-comprados, andando descalços na chuva que cai implacável. Estamos em 1821, na região de Diamantina, uma casa grande e uma senzala. Mil vezes encenada, Daniela Thomas tem algo a dizer, um não-dito muito escondido e afetante, em um momento em que a escravidão volta a nos ameaçar, com os mesmos senhores, sempre os mesmos, mandando e desmandando no poder público, revivendo a casa grande.

As fotos em branco e preto, os enquadres, a atmosfera emocional, essa intensa comunicação que Daniela Thomas, Inti Briones e Beto Amaral, roteirista, conseguiram construir em *Vazante* começa por descrever a vida na casa grande, onde habitam o Sr. Antônio, o patriarca, e sua jovem esposa, Beatriz (Luana Nastas), que, quando lá chegou, ainda "não tinha regras¨, como disse o pai, Sr. Bartolomeu (Roberto Audio), ao dar a menina em casamento. A mãe de Antônio e Bartolomeu (Juliana Carneiro da Cunha), velha e demente, e as mucamas, fazedoras de doces, servis ao Sr. Antônio: na mesa e também na cama.

Quadros sucessivos compõem a fotografia de Vazante e cada um deles, valendo pelo todo, também se demoram, sem pressa – responsabilidade do montador, Tiago Marinho. Primeira cena do filme: uma vida que não vinga e a morte do bebê, também uma menina, e da mãe, a primeira esposa do Sr. Antônio, no parto. São enquadres, algo estanques, expressando a monotonia dessa vida sem vida, como as roupas encharcadas, depois dobradas e emboloradas; roupas que o Sr. Antônio trouxera para esposa e filho já mortos. Só recebe a notícia na sua chegada. Os olhos, chamados popularmente de "janelas da alma" são obsessivamente fotografados por Inti Briones, com a direção de arte de Valdy Lopes Ferreira. Os olhos imensamente tristes do Sr. Antônio: sem brilho, sem vida, sem espontaneidade, enfiados no chão; os olhos enlouquecidos de sua mãe; os olhos medrosos e às vezes peraltas da sua nova e jovem esposa; os olhos enraivecidos, às vezes resignados, dos escravos.

Nós, espectadores e intérpretes desse filme, vamos soçobrando ao longo da película, pois não podemos nos identificar com as personagens, elas não nos são apresentadas como personalidades. E essa recusa em construir personalidades, quer nos senhores, quer nos escravos, é uma das chaves preciosas para compreendermos *Vazante*.

Quando pode se identificar com as personalidades dos senhores e/ou dos escravos – tão ao gosto de Tarantino, em *Django livre*, e de Stanley Kubrick, em *Spartacus* –, o espectador assiste e interpreta o filme de outra maneira. A identificação do espectador com a revolta desses heróis, com a vingança que promovem, leva a uma catarse, a uma emoção catártica, e, com ela, torcemos, antecipamos possíveis reviravoltas no enredo e para o final da película. Ao nos identificarmos, construímos o filme junto com o diretor. *Vazante* não promove uma identificação desse tipo, não há escravos em revolta, não há vingadores. Também não podemos nos identificar com um grupo social – os senhores ou os escravos – pois esses grupos parecem compor algo comum e enigmático.

Já que não podemos antecipar o que acontecerá e como a película se desdobrará, o roteiro e o roteirista (Daniela Thomas e Beto Amaral) ganham primazia. Eles nos convocam, como espectadores/intérpretes, a permanecer junto aos senhores ou os escravos, sem imaginação, sem antecipação, sem projetos partilhados por identificações, sem associações livres a cada cena, sem pensamentos. Nossa única identificação possível é com a atmosfera emocional sombria, asfixiante e, então, somos conduzidos de forma implacável pelas mãos da diretora, do fotógrafo, do roteirista e do montador. Essa é a grandiosidade desse filme: nós também, espectadores do filme, fomos, pela única identificação que nos foi oferecida, a atmosfera emocional sombria e estanque, sequestrados e alienados da vida viva. Fixados, lentos, somos invalidados na nossa capacidade de construção, interação e devires da trama. Seremos arrastados, como se fôssemos coisas, como o são os senhores e escravos (ESPOSITO 2016), até o fim trágico desse drama. Daniela Thomas não abraça, não enfatiza a "distinção ontológica" entre "pessoas" e "coisas" nas relações escravistas, a partilha entre esses dois regimes de subjetivação. A diretora prefere flexibilizar e algumas vezes apagar essa diferença, fazendo com que ambos – senhores e escravos – sejam "coisas", não pensem nada! Daniela Thomas nos convoca preferencialmente para um sistema perverso e não para pessoas perversas.

Só grandes artistas conseguem manter os espectadores feito coisas, alienados de si mesmos, sem ação, imaginação e pensamento; obrigados, graças à atmosfera emocional do filme, a experimentar a crítica que a diretora quer nos oferecer: a perversidade de um sistema inteiro. Impossível maior maestria. Não foi porém assim que o filme foi visto e, nos festivais, principalmente o de Brasília, o longa gerou polêmicas entre os pretos. Seu maior mérito foi lido como ponto frágil e motivo de crítica.

Um luto (quase) impossível de ser feito

A escravidão no Brasil, muito bem retratada no filme, tem peculiaridades. Diferente daquela levada a cabo nos Estados Unidos (MBEMBE 2020), a escravidão aqui implantada criou um mundo próprio: agricultura da monocultura baseada no trabalho escravo e, no aspecto social, a família patriarcal e suas peculiaridades. Uma mistura da escravidão semi-industrial das *plantations* típicas do continente Sul americano dos Estados Unidos com escravidão familiar e sexual, instituindo uma forma de sociabilidade entre os desiguais composta de cordialidade, sedução, afeto, inveja, ódio reprimido e todas as demais nuances da emoção humana. Na ausência de instituições intermediárias, a família patriarcal se tornou o componente principal. Nesse tipo de escravidão, onde a casa grande e a senzala convivem, o sadomasoquismo inscreveu-se como forma de sociabilidade e também, claro, de patologia social; nela, a dor alheia, o não reconhecimento da alteridade e a perversão do prazer transformaram-se no objetivo máximo das relações interpessoais. As emoções, vividas em suas reações extremas, são diretamente expressas; as emoções contrárias convivem em curto intervalo de tempo: assassinatos seguidos de culpa intensa desvelam-se como acontecimentos naturais (SOUZA 2017). *Vazante* é assim!

Se tivermos presente que o Brasil se tornou independente de Portugal na mesma época em que o filme é narrado, é estarrecedor o fato de que não haja ruídos de rebeldia. Minas Gerais é silêncio e mudez, às vésperas do "independência ou morte", como gritou pateticamente Dom Pedro I. Não houve participação popular nessa independência conveniente para as elites; depois, nos tornamos republicanos e, de novo, sem a presença popular nas ruas. República conveniente para as elites. À proclamação da libertação dos escravos não se seguiu o luto, luto desse mundo criado que misturava violência com afeto; não houve luto das alianças/vínculos inconscientes então estabelecidos por quase 400 anos. Esses vínculos mortíferos estão ainda presentes. No Brasil, a necropolítica não começou com Jair Bolsonaro, nem com a ditadura militar; a necropolítica teve início na nossa fundação como colônia, com a escravidão (MBEMBE 2020).

Como sugeriu um dos comentadores, *Vazante* é "a história do tempo presente", título absolutamente pertinente. E, no "tempo presente" atuamos a continuidade da escravidão – com o genocídio da população negra e pobre das periferias e das favelas – e do poder político arbitrário nas mãos dos senhores da casa grande: o *impeachment* da presidenta Dilma Rousseff nos envergonhou, ao mostrar para o mundo a maneira como os parlamentares brasileiros interpretam o Brasil e a si mesmos. Em seguida, essa mesma elite escravocrata, persistindo em interpretar o mundo e o Brasil, aprisionou Luiz Inácio Lula da Silva, nosso maior líder popular. Com o golpe, deram início a violento butim.

A continuidade de *Vazante* é *Democracia em vertigem*, documentário de Petra Costa.

Imperioso que se faça o luto da indiferença como (des)afeto dominante: (des)afetados durante a escravidão da população negra, continuamos (des)afetados frente ao genocídio atual dessa mesma população. É esse (des)afeto, essa indiferença que, ontem como hoje, permite a expansão do reino da mercadoria. O filme de Daniela é magistral ao trazer à tona esses elementos da nossa fundação como nação. Esse sistema perverso, sadomasoquista, como o interpretou Gilberto Freyre,[71] traz consigo desde sempre uma "mutação psíquico-emocional" cuja base é a des-afecção: não nos afetamos, não nos deixamos atravessar pela dor e pelo sofrimento do outro; essa é a nossa regra, o nosso afeto maior, a des-afecção da/na nossa sociabilidade. Essa mutação, nascida nas relações escravistas, se faz mais e mais presente, asfixiando, enfraquecendo, degenerando a *pitié* (a compaixão) pelo outro, por todos os outros seres, como dizia Jean-Jacques Rousseau em meados do século XVIII.

A defesa psíquica e perversa que criou essa ordem é a forclusão, uma forma radical de negação: o outro precisa desaparecer como alteridade para ser transformado em peça, em coisa, em mercadoria, e dele ser extraída sua força vital, através do trabalho. Junto a esta defesa psíquica, uma outra mais amena nesse reino sombrio, a introjeção extrativa: através dela é possível roubar partes da subjetividade do outro, seus potenciais, sua alegria, seus talentos, seus

71. No capítulo do livro já citado, Jessé Souza (2017) retoma de maneira magistral a contribuição de Gilberto Freyre em suas várias obras.

sentimentos, seus pensamentos, sua humanidade, transformando o outro em objeto, objeto entre objetos sem subjetividade. Normose – uma das patologias mais comuns na contemporaneidade. Será um acaso? Finalmente, a defesa perversa por excelência, a identificação projetiva invertida: sofremos essa defesa, como povo, nas mãos dos governantes atuais, Jair Bolsonaro e seus filhos. Por ocasião da queima de arquivo – Adriano Nogueira –, Jair Bolsonaro não hesitou e clamou a plenos pulmões "quem matou Marielle Franco?", insinuando que teria sido o PT! A identificação projetiva invertida – o crime que alguém comete é projetado em um outro, em geral alguma vítima, e esse outro, essa vítima, é acusada de perpetrar o crime! – perpassa todo o tecido social de *Vazante*, inclusive entre os escravos que, obedecendo uma cascata de poder, acusam-se entre si e "salvam" da responsabilidade o seu sinhozinho. Pardo/mulato, espécie de capataz, Antônio Jeremias (Fabrício Boliveira) é a personificação dessa defesa. Quando um escravo se mata, Jeremias grita sem cessar: "Ninguém morre aqui sem eu mandar". Fazer luto da escravidão significa elaborar e reparar essas defesas perversas. Estamos longe disso, é claro; todavia, nos últimos 60 anos, o movimento negro avança sem cessar, denunciando, impondo limites, exigindo reparação. Falta muito a ser feito, mas o movimento negro é esperança.

O MEDO NO LUGAR DO AMOR

Em *Vazante*, a tragédia vai se armando e revelando os vínculos típicos entre senhores e escravos, vínculos perversos, sádicos, psicopáticos. Há um tom emocional - sombrio, soturno, silencioso - a nos lembrar durante todo o filme quem somos e porque somos quem somos. O sistema é perverso - lembra-nos Daniela o tempo todo. Não é este ou aquele senhor que é perverso, mas o sistema. Daniela Thomas não trouxe à tona um épico; longe dela a crueldade dos senhores ou a rebeldia vingativa dos escravos. O que lhe interessa é abrir as vísceras do sistema. Não há escape, não há passagens, não há saídas possíveis, pois não há pensamento. Nenhum pensamento.

Os ensaios de liberdade são econômicos, pálidos e medrosos. Um ensaio assim se dá com os negros escravizados, jamais com os miseráveis senhores da casa grande; miseráveis porque, no lugar de potência, eles têm poder: de matar, de estuprar, de humilhar. O suicídio impossível do negro rebelde é um desses ensaios e é impossível porque o escravo, para se matar, come barro, morte provável, mas concreta, sem imaginação. Ou, então, o que marca essa impossibilidade é a fuga desesperada e fracassada de um grupo de escravos. Outro ensaio, breve, são as poucas festas e os batuques dos negros, lembrando-nos que a vida não para e renasce sempre, sempre de novo. Outro ainda é o apaixonamento entre a jovem esposa, Beatriz, e o negro escravo Virgílio (Vinicius dos Anjos). Breves ensaios de liberdade, condenados ao fracasso e à crueldade.

O medo está no lugar do amor, medo por todos os lados e, todavia, um amor viceja amedrontado nos interstícios desse sistema perverso. O amor-criança entre Beatriz e Virgílio. Brincadeira de crianças, brincadeira espontânea, livre e viva, gera a tragédia, personificada por um filho de ambos. Filho que será morto pelo patriarca, que também mata Virgílio, o negro-escravo-adolescente, e deixa-o exposto a ser devorado pelos urubus, em frente à casa de sua mãe, negra Feliciana (Jai Batista), servil aos desejos libidinosos de seu sinhô. Mas a tragédia não para aí e, dessa vez, é encenada por Beatriz, a menina-adolescente, sinhazinha, que, estuprada todas as noites por Antônio, ousou sonhar e se deitou com um escravo.

Beatriz, que teve seu filho surrupiado e morto por Antônio, não hesita em apoderar-se do filho de Antônio com a negra Feliciana. Mãe de Virgílio e também mãe do filho roubado por Beatriz, Feliciana é a última das últimas na escala da perversidade. Ela é o último degrau da cascata de poder: pode ter seu filho morto e devorado por urubus, pode ter seu filho surrupiado por Beatriz. No final do filme, damo-nos conta que Daniela Thomas não preparou o espectador para essa tragédia maciça. A tragédia toma o espectador de surpresa, de supetão, e o obriga a presenciar e participar da brutalidade inominável, da crueldade sem limites.

Todos eles machucados no limite e indiferentes uns aos outros seguirão suas pobres e miseráveis vidas. A atmosfera emocional sombria se fecha sobre todos, especialmente sobre o espectador-intérprete deste precioso e doloroso drama social e político. Nada a fazer. Sigamos nossas vidas, esmagados por um luto não feito e carregando um infinito número de mortos. Só uma ruptura da ordem social e política pode nos dar um vir-a-ser: BACURAU, BACURANDO-SE...

IV

Alianças libertárias

O Tigre Branco

Amnéris Maroni

1
Rápida introdução

Distopias tornaram-se temas dominantes no cinema e na literatura, concorrendo com a realidade nossa de cada dia, que consegue ser ainda mais distópica quando comparada à ficção. Ramin Bahrani, filho de imigrantes iranianos, nascido nos Estados Unidos em 1975, é um consagrado e premiado diretor de cinema, um jovem mestre, considerado o novo diretor da década. Muitos filmes, entre eles *Farenheit 451* (2018), adaptação da novela distópica de Ray Bradbury (1953) e *99 Casas* (2015). *O Tigre Branco* (*The White Tiger*) ganhou o Oscar de 2021 de Melhor Roteiro Adaptado, baseado no romance de estreia de Aravind Adiga, Prêmio Booker de 2008.

Quando assistimos *O Tigre Branco*, rapidamente o filiamos a *Coringa*, do diretor Todd Phillips (2019), e a *Parasita*, do sul-coreano Bong Joon-Ho (2019). Essa não me parece uma boa ilação, pois, para além da distopia, fios de utopia se tecem quase à revelia de quem assiste o filme e, talvez, à revelia do autor e do diretor do filme! Fiz uma escuta fina e sutil do não-dito e, por isso, pude alinhavar fios invisíveis. Quem me lê poderá recuperá-los no filme. Os críticos de cinema não têm essa escuta. Orgulho-me de tê-la e por isso filio *O Tigre Branco* também a *Bacurau*, a grande máquina de guerra utópica do Brasil, dos diretores Kleber Mendonça Filho e Juliano Dornelles (2019).

A principal metáfora do filme é um galinheiro e uma pergunta: por que as galinhas, nós mesmos, permanecemos no galinheiro sem nos rebelar, sem sequer tentar fugir, muito embora as galinhas saibam que serão as próximas a serem brutalmente assassinadas, depenadas, destrinchadas. "Por que permanecemos no galinheiro?", pergunta Balram-Halwai, filho de um puxador de riquixá, interpretado brilhantemente por Adarsh Gouran.

Estamos com Balram Halwai em 2010, em Bangalore, cidade que se tornou uma espécie de Vale do Silício indiano. Ele escreve um e-mail para o premiê chinês, que visitará a cidade e o país, para explicar o tipo de milagre econômico ali vivido nos últimos anos. Nesse momento, Balram já é um grande empresário em Bangalore. Para que o premiê compreenda como se tornou um empresário de sucesso, descreve sua trajetória de vida e, com isso, revela a verdade sobre a Índia. Já nesse momento compreendemos o deslocamento que o mundo está sofrendo, pois Ashok Sharman, o novo nome de Balram, não hesita em apostar que os "brancos" – principalmente os americanos – já eram! Quem dominará o mundo daqui para a frente serão os asiáticos, diz ele. Do ponto de vista econômico, pondera, a esse deslocamento do eixo da Terra seguem-se muitos outros, entre eles a universalização do que é tão íntimo na Índia para o resto do mundo: a redução das mil castas – e mil destinos – a tão somente duas: os devoradores e os devorados. Os 36 milhões de deuses indianos, antigamente cultuados, agora valem, no mercado, como objetos de troca: se não der certo com um, vamos nos valer de outro deus para corromper e extorquir o próximo. Aliás, esse é o uso dos valores, todos os valores, pois o empresário indiano, espelho do mundo, é ético e antiético, crê e não crê em deus ao mesmo tempo. A Índia e o mundo global são perversos e o diretor Ramin Bahrani não nos deixa com nenhuma dúvida a esse respeito desde o primeiro instante do filme.

A trajetória de Balram, de um vilarejo muito pobre da Índia, Laxmangarh, até a mudança de nome e a transformação no empresário que o premiê chinês deve conhecer, inclui muitos crimes, até assassinatos, mas nós, os espectadores, continuamos atentos e empáticos com o personagem. De qual mágica Ramin Bahrani se valeu? Por que gostamos tanto desse filme e do simpático Balram?

Refaço meu argumento: nem todos gostam desse filme; muitos irão embora entediados, muitos nada compreenderão, por que são muitas as iscas, mas também muitos os véus que encobrem a nossa empatia com Balram. Muitos odiarão o filme e desistirão dele logo no começo, pois, é um fato, o filme coloca seus espectadores à prova, é longamente desconfortável – muito embora tempere esse desconforto com ironia e humor.

Só nos interessa os que amam o filme e amam Balram. A chave é o galinheiro, melhor dizendo, os que querem fugir do galinheiro, mesmo às vezes sem saber disso. Os que o amaram perseguirão a pergunta e se deixarão atravessar por ela, sem perder uma única cena. Como Balram conseguiu escapar? É disso que se ocupa este artigo e também ocupou o espectador durante as duas horas do filme.

2

O TIGRE BRANCO COMO OBJETO CONSERVATIVO

Quando estamos em uma situação sem saída, prolongadamente sem saída, evocamos experiências singulares: voltamos o olhar "para dentro" e, então, acessamos os sonhos, as imagens, as fantasias; e/ou voltamos o olhar "para fora" e ensaiamos a "leitura de sinais" inscritos no mundo, que, em suas cartas, Jung (1976) chamava de *religere*; esses sinais podem vir a desvelar nosso destino, nos ajudar a sair do calabouço-galinheiro.

Concordo com os leitores que ambas experiências podem ser perigosas, pois, não raro, sonhamos nosso desejo reprimido e não um sentido que nos permita abrir caminhos. Também não raro, é verdade, fazemos uma leitura paranoica dos sinais. É o risco que corremos, é o risco que Balram corre. Quem está no galinheiro e deseja fugir arrisca.

Essa aventura arriscada se inicia, para Balram, quando o diretor da escola do pobre vilarejo onde nasceu o distingue, presta atenção nele e pergunta: "Quem é o animal raro, tão raro que só existe um a cada geração?" O maltrapilho Balram responde: "É o tigre branco". De dedo em riste, apontando para ele, o diretor diz: "Você é o tigre branco". E lhe promete uma bolsa de estudos na capital, Nova Delhi. Balram agarrou um fiapo importante do seu psiquismo, das suas emoções e... se reconheceu. Se reconheceu e, em seguida, esqueceu.

A família de Balram é tipicamente indiana, pelo menos é o que Ramin Bahrani nos sugere: quem manda é a avó, chamada Kusun, que explora até o talo todos os membros da família, humilha a todos, suga até a última gota e determina os casamentos. Balram não irá para Delhi com a prometida bolsa de estudos, não desta vez, mas trabalhará em uma casa de chá, como impõe a avó. O irmão mais velho de Balram sucumbiu a essa avó, seu pai falecido precocemente também sucumbiu, a família inteira se entregou a essa avó que, por sua vez, é submetida e humilhada por Cegonha e seus filhos Mangusto e Ashok, que cobram taxas e impostos, exploram os moradores desse feudo até o limite do possível e não dão nada em troca. Aliás, a leitura de sinais de Balram começa no momento em que vê Ashok: nesse momento ele "sabe" que o filho mais jovem de Cegonha será o seu patrão! A família exploradora do feudo é também miliciana. Não são só corruptos, são milicianos.

Kusun rouba a todos, rouba o *self* verdadeiro de todos, provavelmente por que também foi roubada da sua possibilidade existencial. Em seu melhor livro, A sombra do objeto, o psicanalista inglês Christopher Bollas chama essa terrível defesa perversa de "introjeção extrativa" (BOLLAS 2015). Penso que ela aparece, sim, em muitas famílias e todo psicanalista sabe que é muito difícil revertê-la, quase impossível; quando somos roubados de partes de nosso *self* verdadeiro, de nossa potência, a única resposta para que haja sobrevivência psíquica é a adaptação passiva e isto explica e nos explica porque as galinhas na Índia, mas também no Brasil, não fogem do galinheiro, não reagem. Essa defesa mortífera, porém, só se atualiza plenamente no fascismo e entre os fascistas (BOLLAS 1998, MARONI 2019). Nos campos de concentração, durante o nazismo, essa defesa perversa era diuturnamente usada, como explicita Primo Levi (1988), passo a passo, em seu famoso *É isto um homem?*. Bolsonaro faz uso cotidiano dessa defesa, roubando tudo dos brasileiros, inclusive a vida!

O que a família não deu a Balram, o reconhecimento de si, lhe foi ofertado por um instante pelo diretor da escola do vilarejo. Por um minuto Balram se viu, por um minuto sabe quem é: ele é o tigre branco, o animal raro, único da sua geração. Por um momento Balram leu seu mundo interno e se reconheceu. Bollas, antes citado, tece considerações preciosas em torno disso. Valendo-me dele, chamo a imagem do tigre branco de "objeto conservativo" (BOLLAS 2015), que será esquecido por Balram durante anos. O objeto conservativo na compreensão de Bollas fica esquecido lá na mente, mas guarda um destino, guarda o destino de Balram.

3
Étienne de La Boétie e a cascata de poder

É notável e, por vezes, estereotipada a leitura de Ramin Bahrani do mundo e da política. Não há em O Tigre Branco um ditador, um tirano. Pelo contrário, vivem uma democracia política e quem rege o país então é a Grande Socialista que extorque aqueles que extorquem, os ricos: ela é muito corrupta. Vinda do povo, de um lugarejo pobre, a Grande Socialista trata muito mal os ricos do país e isso agrada muito os pobres. Eleita por eles, ela porém não se diferencia de Cegonha, o que cobra taxa e explora os miseráveis, o patrão de Balram. Com dois filhos, Cegonha rege o seu pequeno reino. Mangusto, o mais velho, assemelha-se a ele e Ashok, casado com Pinky, destoa da linha paterna, e assemelha-se à mãe, que o incentivou a estudar nos Estados Unidos. Voltou de lá casado com Pinky, também indiana, depois de muito fingir ser um americano. E voltou moderno, muito contemporâneo. Sua contemporaneidade o esvaziou completamente de qualquer raiz indiana – não sabe nada sobre a Índia: suas comidas, seus deuses, os lugares sagrados, os templos. Mora em Delhi como em Nova York. É cidadão do mundo, cosmopolita e vazio, completamente vazio.

Embora a Índia, nesse momento, seja considerada uma democracia, o filme lembra-nos do *Discurso da servidão voluntária*, pequeno opúsculo político escrito em 1548 por Étienne de La Boétie (1530-1563), amigo de Michel Montaigne. Com apenas 18 anos de idade, La Boétie produziu essa preciosidade da filosofia política marginal, que marcou grandes intelectuais, como Pierre Clastres (1978) e seu *A sociedade contra o Estado*. Apostaria que La Boétie foi o livro de cabeceira de Ramin Bahrani.

O que é notável no discurso laboetiano é a noção de desejo. O tirano só existe porque reproduz tiranetes, reproduz uma cascata de poder, todos são Um com o tirano. Aliás, a tirania só é possível em função da cascata de poder. No filme isso é muito importante, a cascata de poder tem tal protagonismo que é, sim, um personagem. Todos desejam o mesmo: desejam servir. Balram é assim durante grande parte do filme. Pertence ao galinheiro, não pensa em fugir, não fugiria nem que lhe dessem a chave da liberdade, porque deseja servir. Não se trata de falta de compreensão, não se trata de falta de consciência política, trata-se de desejo, do desejo de servidão. Nós brasileiros também temos um tirano, Jair Bolsonaro, em uma sociedade que se lê como uma democracia política, mas também tem sua cascata de poder, os bolsominions. E agora convido-os a uma reflexão sobre o Um, inspirada em La Boétie.

Por que os tiranos rapidamente, como se fosse um contágio psíquico, reproduzem, com velocidade os tiranetes, a cascata de poder? Isso acontece, parece-me, porque o Um é simples, o Um, o tirano, tem um psiquismo simples, mecânico. É essa simplicidade psíquica que facilita a cascata de poder rápida, quase que instantânea. Essa reprodução não é facilitada quando não há tirania pois uma mente democrática é uma mente povoada, outro feliz conceito de Bollas (1998) contra a mente fascista. A mente povoada é fruto de muito trabalho psíquico, emocional, ela dá trabalho e por isso, um democrata conquista seus simpatizantes, pela palavra, pelo diálogo, pelo debate público. Usa a palavra, convence, conquista. Identificações instantâneas são sinônimos de tirania e, quando há identificações desse tipo, é certeira a aposta na presença do Um... mesmo fingindo ser democrata, o Um é tirano. E a sociedade, mesmo fingindo ser uma democracia política, é tirania. Esse é um dos elementos da distopia desse filme. É o caso da Índia, em *O tigre branco*, universalizando-se para o mundo. Em certo momento, Balram dirige-se à sua plateia, que sabe ser global, e diz algo assim: "Os pobres só saem da situação de pobreza pelo crime ou pela política. Não é assim no seu país?".

Para Étienne de La Boétie, esse gênio extemporâneo da filosofia política, que morre muito, mas muito jovem, o desejo de servidão é passível de ser compreendido como um "mau encontro", um acaso funesto, mas também é possível aguardar a reviravolta do desejo de servidão em desejo de liberdade. Balram não sabia, mas, desde que se reconheceu como tigre branco, cultivou em si o desejo de liberdade...

4

O CORVO, O ENCONTRO COM O TIGRE BRANCO E O IMENSO GRITO DE LIBERDADE

Durante quase todo o filme, Balram continua no galinheiro desejando servir, servir Cegonha, servir Ashok, seus patrões. Mas continua lendo os sinais, não os procura, mas também não foge deles, acolhe-os. O corvo foi um sinal importante. Um corvo grasnando na janela em um momento de aguda interação com seu amado patrão, Ashok – ambivalente, Balram ama e odeia; aposto que ama mais do que odeia Ashok! Que associações livres o leitor deste artigo faria com um corvo grasnando? Não sei quais foram as de Balram, mas sei que o diretor do filme está nos levando nessa sutil direção, a da leitura dos sinais.

Mais um sinal e este é definitivo: Balram vai ao zoológico com o seu sobrinho que veio avisá-lo que Kusun – a avó tiranete – resolveu casá-lo, sem sequer lhe perguntar. O cerco está se fechando sobre ele, pois seus patrões Mangusto e Ashok resolveram, inadvertidamente, substituí-lo na função de motorista. Sofremos por Balram, pois parece que ficará no galinheiro – ele e nós, que aguardávamos ansiosos por algo que também nos livrasse do galinheiro. No zoológico, Balram depara-se e se confronta com o animal muito raro, só existe um na sua geração, o tigre branco, ele mesmo, sua imagem de *self* verdadeiro, sua potência, seu pedacinho autêntico de mundo interno. Meus pacientes-clientes, em processos individuantes, em individuações na idade adulta, quando podem ser descritas, me trazem imagens semelhantes, sonhos semelhantes. Ilustro clinicamente: um deles, no momento da "virada", quando um novo nascimento se insinua na individuação, sonhou com uma tartaruguinha albina muito rara que estava muito escondida em seu quarto; outro paciente, no momento de seu nascimento, renascimento, sonhou que encontrou um ovo e, de repente, o ovo começa a quebrar e vem à luz um jacarezinho albino muito, mas muito raro... Revelamos a nós mesmos nosso devir através do mundo vegetal e animal. Essa "abertura" do psiquismo, na individuação, são símbolos individuantes: enlaces com a alma do mundo, instintos-arquétipos presentes em vegetais, animais e humanos.

O que interessa ao diretor indiano é a troca de olhares entre Balram e o tigre branco. Quando isso acontece, Balram cai desmaiado no chão frente à força desveladora que se impôs a ele ao compreender o seu destino. Seu devir tigre branco se anunciou ali. Esse momento do filme é de tirar o fôlego, porque Balram se recorda de um poeta muçulmano que diz algo assim: "No momento em que reconhecemos o que é belo neste mundo, deixamos de ser escravos". A transfiguração do desejo é assim ancorada na beleza. Balram acordou – e ele mesmo não se intimida em comparar-se com Buda no momento da iluminação!

O filme está próximo ao final e, depois de um sem número de atos impróprios e criminosos, Balram solta um grito espantoso de liberdade. A estátua de Mahatma Gandhi, tantas vezes presentes no filme e sem um sentido, a não ser nostálgico, ganha agora pleno sentido com o grito de liberdade emitido por Balram. Ainda escrevendo o e-mail ao premiê chinês sobre sua trajetória, Balram nos diz algo assim: "Mesmo que me peguem, nunca vou admitir que errei. Valeu a pena saber, ainda que por um dia, por uma hora, por um só minuto, o que significa não ser escravo, não ser um serviçal". É a "virada do desejo", o fim do mau encontro anunciado por Étienne de La Boétie; para Balram, o desejo transfigurou-se, o desejo de liberdade será doravante o grande protagonista do filme. Quem "vira" o desejo da servidão para a liberdade nunca mais cessará de buscar alianças com outros tigres brancos. Quem saiu do galinheiro precisa montar seu pequeno exército de tigres brancos. E com Balram não será diferente. Precisará de novas alianças.

Como sabemos ao acompanhá-lo no filme e neste artigo, Balram tornou-se Ashok Sharman e é um empresário de sucesso. Tornou-se um empresário moderno, faz contratos, não trata mal os seus empregados, não os pune e se responsabiliza quando algo acontece. É isso que significa sair do galinheiro? Tornar-se empresário de sucesso e modernizar-se? Não, definitivamente, não é esse o recado...

Duas cenas nos permitem compreender o que significa, para Balram, agora Ashok Sharman, sair do galinheiro. A primeira cena é o jantar com seu sobrinho, uma criança de uns doze anos. Ao final, o menino pede mais sorvete e Balram-Ashok lhe diz que "só no próximo domingo". O menino afirma o olhar e diz: "Agora". Balram-Ashok responde: "Criança esperta". Sair do galinheiro é sustentar o outro na afirmação de si, na sua capacidade desejante. Para nosso espanto e perplexidade, na cena final Balram reúne seus empregados e reafirma seu gesto criminoso. Convoca seus funcionários a fazerem o mesmo, oferecendo-se em holocausto. De novo, está nos mostrando, como um Bakunin pelo avesso, o que significa sair do galinheiro, afirmar até o fim o outro na sua potência desejante. Doravante, Balram-Ashok precisa de alianças com outros tigres brancos! Definitivamente, é um filme que ilustra a transfiguração do desejo de servir em desejo de liberdade e quais são as atitudes – ou um novo modo de existência – de quem saiu do galinheiro. É Bacurau. É utopia!

Bacurau,

bacurando-me, bacurando-se

Amnéris Maroni

Bacurau (2019) deu margem a um sem número de comentários, resenhas, debates, polêmicas. Um elogio à violência? Incógnita? Filme de resistência? *Bacurau* é pergunta ambulante, quer ganhar sentidos e mais sentidos; ele é fonte. Drama, suspense, ficção científica, *western*, ação... Aclamadíssimo e muito premiado, com direção de Kleber Mendonça Filho e Juliano Dornelles, e fotografia de Pedro Sotero, o filme rendeu muitas boas reflexões de grandes intelectuais. Destaco dois em particular: Rodrigo Nunes (2019), em *El País*, e Christian Dunker (2019), no seu canal no Youtube.

O professor Rodrigo Nunes (2019) confronta-nos com uma abordagem algo sedutora: *Bacurau* encenaria para nós uma "fantasia vingativa", produzindo uma catarse naqueles que assistem ao filme e, então, essa emoção despertada daria conta de seu impacto e do porquê *Bacurau* nos arrasta inapelavelmente. É a vingança que ronda os "involuntários da pátria", para nos valermos de uma expressão de Eduardo Viveiros de Castro (2017): os indígenas, os camponeses, os favelados, os sem-teto, os sem-terra. Rodrigo Nunes traz muitos bons argumentos para sua tese: a atual fase do capitalismo produz uma gigantesca massa populacional sem direito algum, excluídos do sistema, quer do mercado, quer do Estado. A "fantasia vingativa", para Nunes, nutre-se da dissolução do pacto tácito entre governantes e governados que, desde o século XVII, estabelece que, em troca de potencializar a vitalidade econômica dos governados, os governantes assumem o dever de fazer viver (através de políticas de saúde, políticas trabalhistas etc.). *Bacurau* aponta para uma virada abertamente necropolítica do capitalismo. Neoliberalismo na sua versão mais tenebrosa. Genocídio. *Bacurau* é um ensaio nessa direção, ao se transformar em um parque de caça humana para turistas. A resposta dos moradores da vila de Bacurau é a "fantasia vingativa". Pura catarse. É o futuro.

Para Dunker (2019), *Bacurau* é uma alegoria e então comporta várias temporalidades: é Canudos, é a escravidão, é o Estado Novo, a ditadura militar... Tudo acontece ao mesmo tempo, em uma espécie de transmissão silenciosa do trauma, aquilo de que não se pode falar. Para Dunker, Bacurau é alegórico no sentido de Walter Benjamin, vale dizer: é uma maneira de olhar a história e, com esse olhar, compreender a gramática que a compôs e que já está a se completar. Apreender o que vem de longe no sentido benjaminiano: promessas não cumpridas, futuros soterrados, utopia de séculos atrás que foi enterrada, sonhos de futuro podendo ser retomados. Os diretores de *Bacurau* valeram-se da alegoria como uma estratégia para abordar o traumático em nosso país, o extermínio contínuo, sua gramática. E então nos convocam para a cura e o sonhar. Somos capazes de sonhar. É utopia.

Ambas as críticas são excelentes, porém, não sossegam Bacurau, exatamente porque dão uma boa explicação. Buscam produzir nos leitores este efeito: "Ah, compreendi. É isso!" Os comentadores e, particularmente estes que citei, apostam em uma determinada direção interpretativa e, com isso, cegam vários outros sentidos. Depois dessas resenhas, muitos leitores sentem *Bacurau* ainda mais exigente, arredio e avesso a essas interpretações. *Bacurau* rebela-se, é um ser vivo! Aqui, seguirei outro caminho interpretativo.

Distopias e utopias

Todos concordam em um ponto: *Bacurau* é o futuro, tem algo de utópico, não se restringe à distopia como outros filmes que nesse ano fizeram-lhe companhia – entre eles, *Coringa*, de Todd Phillips (2019), que também mistura gêneros. Neste filme, o principal personagem, Arthur Fleck (Joaquim Phoenix), é submetido a um permanente *reality show* de opressão e humilhação. O diretor deixa claro que o mal não reside em Arthur, mas no neoliberalismo, na divisão do mundo social em *winners* (vencedores) e *losers* (vencidos), tendo como cenário uma Gotham City decadente e cheia de lixo. Nela, uma figura recente emerge, o "empreendedor de si mesmo", como palhaço, sem direitos, sem assistência médica psiquiátrica, excluído, pobre e convidado à sarjeta, ao crime. Tudo isso misturado a um claro culto às celebridades. A loucura de Coringa é, então, a loucura do mundo em que vivemos. Real e imaginário confundem-se para Fleck e, claro, também para os espectadores obrigados a fazer revisões e correções, mantendo-se na incerteza até o final e mesmo depois do final. Arthur delira em cenas de glória e de sucesso, desejando tornar-se uma celebridade junto a Murray Franklin (Robert de Niro). Uma vez convidado a participar de seu programa preferido, finalmente, Arthur Fleck transforma-se em Coringa e sua loucura torna-se contagiosa. Gotham City é incendiada por homens com máscaras de palhaço. Máscaras que não escondem uma verdade, mas tornam todos anônimos, sem identidade. Ninguém. É a revolta do humilhado "empreendedor de si mesmo", último achado subjetivo do capitalismo em colapso. Solitários, algo anárquicos, os palhaços mascarados espalham em sua revolta o que têm no coração: ressentimento, ódio, alienação, violência.

Temos ainda *Parasita*, do diretor Bong Joon-ho (2019), que é também francamente distópico e também crítico ao neoliberalismo, na sua faceta mais cruel, a da desigualdade social. A trama é tecida por espelhamento entre duas famílias: os Kim, pobres, habitantes de um subsolo, argutos, malandros e unidos; e os Park, abastados, habitantes de uma luxuosa mansão, ingênuos e desatentos. Comédia, sátira social, suspense e terror, esse filme nos captura pela mágica de Bong: quem de nós – pobres, classe média baixa, classe média "média" – não tem uma parte de si que mora no porão, no subsolo? Identificação feita, vamos soçobrando nas mãos do hábil diretor. Como os Kim, certas partes nossas

– moradoras do subsolo – invejam, ressentem e querem algum tipo de vingança contra os muito ricos. Muitos de nós ultrapassam essa fase e percebem que por aí não há saída, não há ação política. Os Kim quase perceberam que, por meio desses afetos, não haveria saída. A tempestade foi esse momento de reflexão. Se o filme tivesse parado na chuva que despenca do céu coreano, com efeitos diferentes para os habitantes do subsolo e para os que habitam a luxuosa mansão, o filme imporia a todos uma contundente reflexão. Sairíamos do cinema com um pensamento não pensado, que exigiria ser pensado por todos nós, moradores do subsolo, e que assim resumimos: inveja, ressentimento e vingança não propiciam saídas políticas. Planos com esse tipo de afeto não produzem uma verdadeira ação. Bong, porém, nesse exato instante, apresenta uma reviravolta no roteiro e, em vez de herdarmos, junto com a família Kim, um pensamento não pensado sobre a inveja, o ressentimento e a vingança, somos repostos no drama sem saída do neoliberalismo, com seus sonhos não sonhados, que nos transformam em mercadorias. Caímos de novo na inveja, no ressentimento e na vingança. Mas, ainda assim, *Parasita* mantém-se crítico por trazer à tona a distopia em que vive a Coreia do Sul e, por extensão, o capitalismo. Ambos os filmes são distópicos e nos agradam por flagrar a distopia em nós mesmos e globalmente. *Bacurau* não é assim: o futuro e a utopia são a sua marca, e são elas que nos convocam.

Bacurau, "bacurando-me", "bacurando-nos"

Ninguém duvida também que *Bacurau* está estranhamente falando de Brasil; não há quem não se reconheça nele, sendo brasileiro. Mas por quê? Pelas muitas pistas deixadas pelos diretores do filme? Referências e mais referências teriam o poder de gerar esse reconhecimento maciço? Fatos históricos são rememorados em *Bacurau*, vestígios de estilos passados. Me deliciei, rememorando a Tropicália, o moderno e o muito antigo, o chique e o cafona juntos. E Glauber Rocha, também não estava lá presente? E Macunaíma, o herói sem nenhum caráter? A trilha musical, com certeza, ajuda a construção do clima e da atmosfera Brasil: Sérgio Ricardo (*Bichos da Noite*); John Carpenter (*Night*); Geraldo Vandré (*Réquiem para Matraga*) e Gal Costa, entre outros.

Corro a recolher mais indícios, sinais largados como iscas pelos diretores. Se alinhavar todos esses detalhes, sinais, iscas, consigo explicar/compreender *Bacurau*. Em vez disso, depois desse trabalho de recolhimento, sinto que o perdi de vez. Qual foi a mágica para gerar tamanha proximidade, quiçá, reconhecimento? Matutando, tive um *insight*: talvez o nome correto não seja identificação. Não nos identificamos com nenhum personagem, nem com a matança, nem com a violência. Se *Bacurau* nos "pegou", não foi por identificação.

Vencida, descanso e penso: foi outro o processo. *Bacurau* pede outra dança, um movimento diferente: é preciso "bacurar-se" com *Bacurau*. Nem explicação, nem compreensão, mas atravessamentos; é preciso que nos deixemos atravessar, tocar por *Bacurau*.

O filme conta com uma atmosfera emocional que sim, dizemos, é Brasil. E essa atmosfera emocional evoca e convoca a diferenciação. *Bacurau* fez-se presente e me habita, não por identificação, mas por diferenciação. Quando diferenciamos algo de nós mesmos, somos também parte dessa diferenciação e, ao diferenciar e nos diferenciarmos, criamos uma nova possibilidade interpretativo-existencial. Por meio da diferenciação, criamos, inventamos, individuamos algo. "Bacurando-me": individuando-me com *Bacurau*.

Uma cidadezinha no Nordeste, Bacurau – nome de um pássaro, ave com hábitos noturnos e comum nos sertões brasileiros, chamada pelos Tupis de *wakura'wa* –, desapareceu do mapa! Já não está mais lá, no virtual: o virtual venceu o real e esse é o primeiro aviso que temos. Adentramos essa cidadezinha desaparecida pelas mãos de Teresa (Bárbara Colen), uma das netas da líder espiritual, Dona Carmelita (Lia de Itamaracá), matriarca idosa que faleceu. A senhora morreu, com muitos parentes pelo mundo, e a cidadezinha perdeu sua força espiritual, sua líder ancestral, corrente de infinitas gerações, corrente da própria vida, feminina, tecedora de gerações. Matriarcalismo. O elo afetivo de Bacurau arrebentou. Esta morte e este enterro já nos sinalizam que a cidadezinha ameaça entrar em colapso sem sua unidade afetiva, que a líder representa, sem os seus afetos, que ela, a líder, guarda.

Nós, espectadores, vamos com Teresa e, assim, passamos a ter contato com a cidadezinha do sertão, com seus moradores. Essa apresentação é longa e o intuito dos diretores parece-me claro agora: quer que nos sintamos parte de Bacurau, um de seus moradores. Sim, porque uma comunidade – esse é o melhor nome para Bacurau – é constituída por afetos, hábitos, costumes e mitos. Vive deles. Ainda que esta comunidade, a de Bacurau, seja algo atípica: como já dissemos, evoca e convoca diferenciações. Atmosfera emocional singular: Brasil.

Bacurau é fictícia, ela não existe, é lugar nenhum, é utopia – cujo significado etimológico é exatamente "lugar nenhum". Um mundo possível. E se dá em um futuro próximo, tempo possível para além do presente. Utopia.

Depois do enterro, continuamos a conhecer Bacurau pelas mãos de Teresa e nos familiarizamos com a moça da venda, o tocador de viola, as prostitutas, a médica, o protetor, um líder que não manda nada, recomenda apenas. Não raro, os moradores chupam uma espécie de bala, uma droga, que só eles conhecem, e a droga funciona, ela mesma, como um elo de ligação entre os membros da comunidade. Todos os comentadores de *Bacurau* concordam em um ponto: o protagonista é a comunidade e não as pessoas, os indivíduos. Uma comunidade singular, que patrocina diferenciações.

Íntimos já de Bacurau, a comunidade, fazendo a experiência de sua atmosfera emocional, nós, espectadores, vamo-nos dando conta de que *Bacurau*, o filme, é uma incógnita; seu vir a ser é mistério, pois não conseguimos imaginar e prever o roteiro. Estamos nas mãos dos diretores e roteiristas já citados – que, aliás, são os mesmos. Não é possível antecipar o que acontecerá. Já somos Bacurau como espectadores-moradores e já nos tornamos o alvo do mistério. Nossa atenção e tensão aumentam muito, pois tudo pode acontecer e acontecerá à nossa revelia, à revelia dos moradores de Bacurau. Faremos a experiência de um acontecimento inaudito, não previsto, que permitirá um renascimento da pequena Bacurau.

Chegam os turistas paulistas (Karine Teles e Antônio Sabóia) que, estranhamente, não querem conhecer a pequena Bacurau! Vieram fazer o que ali? Perderam-se na trilha inaugurada pelos gringos, os imperialistas aliados dos paulistas, que caçam e matam os habitantes de Bacurau. Seu líder é Michael (Udo Kier). Bacurau é escolhida pelos imperialistas, aliados da elite de São Paulo e também da elite local do sertão pernambucano, como parque de caça humano. Essa elite local ressoa e traz consigo os estrangeiros com muitas armas, tecnologia e menosprezo por qualquer afeto que una e mantenha a solidariedade entre as pessoas. Bacurau é um parque de caça humana, numa grotesca distopia. Por um momento.

A comunidade conta com um prefeito, Tony Júnior (Thardelly Lima), típico político moderno, filho do latifundiário local, que angaria votos em troca de migalhas – livros, remédios vencidos etc.. A elite local é corrupta e enganadora e, claro, aliada aos estrangeiros. Passivamente, os moradores de Bacurau dividem as migalhas trazidas pelo candidato a prefeito, que parece não adivinhar que tipo de comunidade é esta que pretende gerir. Eis que vamos nos dando conta, nós, espectadores e já agora moradores de Bacurau, de que essa comunidade tem uma base de afetos-emoção e de mitos, elementos centrais da qualidade do interindividual que a constitui. Para Simondon (2020), Jung descobre, em sua análise do inconsciente (ou do subconsciente), os temas afetivo-emotivos que estão na base dos mitos:

> [...] Se é possível falar, em certo sentido, da individualidade de um grupo ou daquela de um povo, não é em virtude de uma comunidade de ação, descontínua demais para ser uma base sólida, nem de uma identidade de representações conscientes, amplas demais e contínuas demais para permitir a segregação dos grupos; é no nível dos temas afetivo-emotivos, mistos de representação e ação, que se constituem os agrupamentos coletivos. A participação interindividual é possível quando as expressões afetivo-emotivas são as mesmas. Os veículos dessa comunidade afetiva são, então, os elementos não somente simbólicos, mas eficazes da vida dos grupos: regime das sanções e das recompensas, símbolos, artes, objetos coletivamente valorizados e desvalorizados (SIMONDON 2020, p. 368).

Esse trecho de Simondon é muito pertinente para *Bacurau*: vendo o filme, pode-se sentir esses temas e expressões afetivo-emotivos. Como espectadores-moradores, de repente, em um salto involuntário, partilhamos as mesmas expressões afetivo-emotivas, os mesmos símbolos, o mesmo amor pelo museu, pelo líder que não lidera, pelo gaiato tocador de viola, pela médica compassiva e alcoólatra. De repente, somos uma das moradoras e também queremos defender Bacurau dos gringos, dos neoliberais armados até os dentes e portadores de muita tecnologia. Como sugerem Jung e Simondon, essas expressões afetivo-emotivas são uma espécie de chão do grupo ou da comunidade; é delas e através delas que podemos falar do interindividual.

Os moradores de Bacurau vivem também do espírito da velha senhora que morreu, a matriarca; vivem dos seus mitos; vivem do precioso Museu Histórico de Bacurau, que conta a história do Norte e do Nordeste, dos cangaceiros, de Lampião e Maria Bonita. A comunidade de Bacurau conta com uma memória ancestral e é isto que faz dela "Um", ainda que por um momento, por um instante.

Individuação do social, alquimia generalizada

Aterrorizados com a presença estrangeira, com os paulistas, o povo de Bacurau rebela-se e chama Lunga (Silvero Pereira), unhas e olhos pintados, tatuagens, escondido e achado por Pacote/Acácio (Thomas Aquino). Uma troca de olhares longa e sedutora entre Lunga e Pacote. Diz Lunga: "Estamos aqui como uma bicha do Che Guevara, passando fome nesta merda". Lunga é o "cangaceiro *queer* de Bacurau", um transgênero, bandido e benfeitor ao mesmo tempo, chamado para defender Bacurau, o povo de Bacurau, dos atiradores genocidas (ressentidos/as, amargurados/as, fracassados/as) que nem sabem porque estão matando. Os moradores de Bacurau parecem não se importar com a sexualidade de Lunga.[72] Aliás, os demais moradores são também pouco ortodoxos: a médica Domingas (Sonia Braga) tem por companheira uma mulher que aparece trepando com outros homens em pelo menos duas cenas do filme. Pacote não disfarça a sedução e o tesão por Lunga e vice-versa, muito embora Pacote esteja "ficando" com Teresa, que o convoca: "Vamos dormir juntos essa noite?" É esse o espírito, é essa a atmosfera emocional, que talvez seja bem brasileira e que nos convida também à liberdade e à diferenciação.

Lunga e seus amigos vão à cidade e a população de Bacurau arma-se, ela é Um, melhor dizendo, transforma-se no Um provisoriamente – em breve irão se diferenciar, mas, por um instante são Um, liderados pelo bem e pelo mal, por todos os gêneros, por todos os tempos: Lunga, portador da violência ancestral.

A comunidade de Bacurau mergulha na dissolução, deixa de ser Um; torna-se Nenhum, Ninguém. A violência corre solta, particularmente pelas mãos de Lunga, o xamã matador. Os caçadores de homens, no parque de caça humana chamado Bacurau, caem assassinados um a um. Impiedosamente, suas cabeças rolam. Um banho de sangue, sangue vermelho molhando o chão. Violência sagrada, que re-funda a comunidade de Bacurau.

---

72. Em entrevista ao jornal *El País*, Silvero Pereira (Lunga) conta que, chamado pela Câmara Municipal de Fortaleza para receber o título de cidadão fortalezense, não preparou discurso e simplesmente disse: "Sou de escola pública, sou pobre. Sou a caricatura do Nordeste que passou fome e sede. Sou bicha, *drag queen* e artista. E eu acho que sou Brasil justamente por tudo isso" (JUCÁ 2019).

Ao pensar sobre a individuação de uma comunidade, de um grupo social, de Bacurau, a ideia de que o interindividual entre os moradores de Bacurau tem por base os afetos – as emoções, os usos, os hábitos, os costumes, o coração – é uma construção romântica e já está anunciada, de alguma forma, em Rousseau ([1762] 1987), em seu *Do contrato social.* Contra a guerra de todos contra todos que percorre séculos, enunciada por Hobbes ([1651] 1974) em *O Leviatã*, passando por Margareth Thatcher que, cheia de si, afirmava que "não existe isso que vocês chamam de sociedade, só existem indivíduos e família", até chegar ao momento atual: o do "empreendedor de si mesmo", abandonado pelo Estado, sem direitos, sem previdência, e em guerra, no mercado, contra outros "empreendedores", mascarados, anônimos, ainda que não usem máscaras. Contra Hobbes, contra os que estão na guerra de todos contra todos, os românticos nunca abriram mão dos afetos, dos mitos. Jung (1953) não acompanhou nem Hobbes nem o pensamento liberal, mantendo-se fiel ao romantismo e a Espinoza. Sua compreensão do social, do grupo, da comunidade, é afetiva e essa chave está presente em Simondon. Ao individuar o conhecimento de Jung, Simondon propõe generalizar o esquema da alquimia (CHABOT 2002, p. 112), e, nela e com ela, os grupos sociais, comunidades e sociedades também se individuam. Essa ideia, implícita na obra de Jung, explode com Simondon.

Da mesma forma que os indivíduos em suas individuações, os grupos sociais e comunidades também fazem a experiência da dissolução de suas funções e estruturas e também vivem o renascimento com novas funções e novas estruturas. De acordo com Simondon:

> [...] o que há de mais importante na vida dos grupos sociais não é somente o fato de eles serem estáveis, é que em certos momentos eles não podem conservar sua estrutura: eles devêm incompatíveis relativamente a si mesmos, eles se desdiferenciam e se supersaturam; esses grupos, exatamente como a criança que não pode mais ficar num estado de adaptação, se desadaptam. Na colonização, por exemplo, durante um certo tempo, há coabitação possível entre colonos e colonizados, e depois, de repente, isso não é mais possível, porque nasceram potenciais e é preciso que uma nova estrutura irrompa. E é necessária uma verdadeira estrutura, isto é, saindo verdadeiramente de uma invenção, um surgimento de forma para que se cristalize esse estado (SIMONDON 2020, p. 605).

Mas não é exatamente isso que Bacurau nos mostrou? Bacurau, utopia de outros mundos possíveis. Aliás, não estamos vivendo essa individuação no Brasil e no mundo? Claro que com bolsões petrificados, representados pelos terraplanistas, meninos vestem azul e meninas que vestem rosa, pelas bananas que o presidente dos mortos-vivos nos oferece todos os dias. Ao lado dos petrificados, a comunidade-mundo dissolve-se aos nossos olhos e é preciso, urgentemente, re-descobrir outras categorias de pensamento que nos ajudem a pensar o que está em curso. Simondon clamava por uma "ciência humana", fundada sobre uma "energética" e não somente sobre uma morfologia.

De acordo com Simondon, "uma morfologia é muito importante, mas uma *energética* é necessária; seria preciso se perguntar porque as sociedades se transformam, porque os grupos se modificam em função das condições de metaestabilidade" (SIMONDON 2020, p. 605; grifo nosso). Lembremo-nos de que a energia, para Simondon, não é estável, nem instável; é metaestável/pré-individual. Dito com outras palavras, resgatando os pré-socráticos, os chamados filósofos da natureza e, em particular, Anaximandro e a noção de *apeiron*,[73] Simondon propõe uma filosofia genética; o que lhe interessa é a gênese dos indivíduos em geral. O filósofo francês articula três regimes de individuação (físico/vital/psíquico, coletivo e transindividual), que brotam do campo pré-individual/metaestável. Todos os indivíduos daí devêm e devêm com os seus meios associados (pré-individual/metaestável), alimentando, a partir do vivo, individuações permanentes. Brotam do pré-individual e individuam-se sem cessar.

Os grupos, as comunidades, as sociedades transformam-se a partir da *energética*, pois como indivíduos carregam consigo esse pré-individual, essa metaestabilidade (excesso de potência, de tensão, de desmesura/desmedido, supersaturado) e, então, quando entram em discrepância consigo mesmos, individuam-se. Simondon sugere uma "alquimia generalizada":

73. Para Anaxímandro (610 a.C.-546 a.C.), esse elemento primevo é o Ilimitado/Apeiron: matéria-prima, a partir da qual engendram-se seres limitados. Carregamos em nós mesmos o Ilimitado, do qual proviemos, e o Ilimitado nos permite "possíveis porvires". Trata-se então de uma redefinição do que compreendemos por Ser.

> [...] a *Obra Magna começava por dissolver tudo no mercúrio, ou reduzir tudo ao estado de carvão — em que nada mais se distingue, as substâncias perdem seu limite, sua individualidade, seu isolamento; após esta crise e este sacrifício advém uma diferenciação nova, o "Albefactio" e, então, a "Cauda Pavonis", que faz os objetos saírem da noite confusa, como a aurora que os distingue por sua cor. Jung descobre, na aspiração dos alquimistas, a tradução da operação da individuação e de todas as formas de sacrifício, que supõem retorno a um estado comparável àquele do nascimento, isto é, um retorno a um estado ricamente potencializado, ainda não determinado, domínio para a propagação nova da Vida* (SIMONDON 2020, p. 607).

É desse esquema generalizado de alquimia que, supomos, Bacurau deu uma bela mostra como grupo social, como comunidade de afetos-emoções e, por isso, é utopia do futuro próximo de lugar nenhum, como aliás toda utopia é.

A dobradinha Jung-Simondon - a partir das individuações - pode ser essa re-descoberta de um conhecer, de um pensar "para além" da modernidade, para além do indivíduo moderno; para além da revolta de Coringa e da violência de Gotham City; para além da inveja, ressentimento e vingança da família Kim contra a família Park. Precisamos compreender o esquema de alquimia generalizada - individuações - que está em curso, as infinitas Bacuraus em movimento. Precisamos desesperadamente de novas categorias de pensamento. Simondon (2020) é uma chave importante, entre outros motivos, porque nos convoca para uma *ciência humana*, uma nova ciência humana que tem como base, não a forma desde sempre dada – o *hylemorfismo* aristotélico, que Simondon (2020) critica –, mas uma "energética metaestável". Essa *energética* que daria conta dos "processos de tomada de forma e que tentaria reunir num só princípio o aspecto arquetípico, com a noção de germe estrutural, e o aspecto de relação entre matéria e forma" (SIMONDON 2020, p. 606). Individuação é expansão da vida em vida! Essa expansão depende, todavia, da morte das velhas estruturas e das funções, para, já insistimos, re-nascer. Nesse processo encavalado de morte e renascimento (PELBART 2015), surgem novas percepções e novas ações. Lunga e a comunidade de Bacurau deixaram isso muito claro. Não expandimos a vida, alargando o velho; expandimos a vida, morrendo e renascendo. A individuação traz consigo um novo mundo e, então, uma nova adaptação – e também uma nova espiritualidade.

Aprisionados vivos em uma espécie de porão de Bacurau, construído para esse fim, o chefe, matador neoliberal, afirma "isso foi só o começo". Os matadores neoliberais, caçadores, no parque de caça humana, pretendem voltar, voltar uma vez mais, duas vezes, quiçá muitas vezes. E, também, Bacurau há de se individuar vezes sem conta, diferenciando-se, singularizando-se, tomando uma nova forma, adaptando-se uma vez mais.

Depois da matança, Bacurau está de pé e volta a fazer o enterro de seus mortos, chamados pelos seus nomes: Marisa Letícia, Marielle... O prefeito Tony Junior teve um triste e merecido destino: mascarado, com a máscara do diabo, e cegado pela máscara, amarrado a um jegue, de trás para frente na montaria, adentra o sertão. Bacurau de pé, tendo ganhado a guerra, volta a compor-se, criar novos sentidos, novas estruturas e novas funções. Bacurau renasceu. Individuou-se como uma nova comunidade de afetos, depois de se ter dissolvido, e guardará na sua memória existencial, no Museu Histórico de Bacurau, mais um episódio de história e de batalhas.

Suponho que seja essa a utopia de Kleber Mendonça e Juliano Dorneles: a dissolução e a re-composição – que Jung-Simondon chamam de individuação – da comunidade afetivo-a/emocional chamada de Bacurau. Individuação do social, alquimia generalizada. Morte e renascimento. Bacurau está aqui no Nordeste brasileiro; está ali, no exterior; está em São Paulo; está no mundo. Bacurau é o futuro, é o amanhã, é utopia. E nós que assistimos Bacurau, "bacuremo-nos", vale dizer, aceitemos o mesmo processo de dissolução da nossa energia, das nossas forças, e de uma nova recomposição das energias e das forças. Diferenciando-nos como comunidade de afeto e emoção, e como indivíduos, vamo-nos individuando. Experiência do devir, aliás, já em curso, vaticinamos que "essa terra ainda vai tornar-se um imenso Bacurau". Essa é a utopia!

Posfácio

***Paulo Victor Albertoni Lisboa*[74]**

A palavra do chefe não é dita para ser escutada.
(Clastres 2003)

O livro *O Terror de Ser Deixada* é um convite à criatividade do leitor, evocada por uma estética plural, feminista e libertária. As autoras convocam os leitores e as leitoras à associação livre para compor, colaborativamente, o trabalho de interpretação dos filmes.

Ao contrastar as alianças filiativas (mãe-bebê, pai-filho etc.), as relações conjugais (marido-esposa) e fraternas (irmão-irmã etc.) com as relações anti-filiativas (afinidades libertárias), o livro abre-se às ressonâncias com a antropologia do parentesco e com a antropologia política da virada do século XX para o século XXI.

No ano de 1949, o antropólogo francês Claude Lévi-Strauss publicou *As estruturas elementares do parentesco*, obra que dialoga com o tema da Sociologia da Família. Uma das al-

74. Paulo Victor Albertoni Lisboa é antropólogo aliado dos jardins de Nhanderu, caipira anarquista e psicoterapeuta em formação na clínica lunguiana.

terações propostas pelo autor, e que permanece atual, foi a inclusão da relação de afinidade no interior do "átomo de parentesco". Assim, mesmo as famílias patriarcais estão tensionadas pela lei da troca com o seu exterior. Essa tensão está presente em pelo menos três partes do livro *O Terror de Ser Deixada*, mas encontra elaboração nas "Alianças mortíferas entre mães e filhas", apresentadas por Amnéris Maroni, Thaís Leão e Fabiana Lara. Especialmente, quando mães e filhas produzem o Um por meio de alianças filiativas contra as potências que residem no seu exterior.

Embora a disciplina antropológica tenha uma longa história dedicada aos estudos da família, foi a proposta de Claude Lévi-Strauss que consolidou a teoria da aliança e da afinidade como constituintes das estruturas de reciprocidade. A partir da sua obra, e da sua fortuna crítica, ganharam maior destaque a lei da troca, a obrigação moral de dar e retribuir e, sobretudo, a intromissão da diferença. A família obrigada a diferir de si mesma, aliada a forças centrífugas.

Antes disso, no início do século XX, até meados da década de 1940, diversas teorias estiveram empenhadas em um retrato conservador da família, pensada como instituição responsável pela distribuição de papeis sociais e organizadora da vida social. Centrada na filiação, a família dirigiria os rumos da sociedade, os seus valores e a sua moralidade.

Esse aspecto da filiação aparece em *O Terror de Ser Deixada*, com elaboração particular nas partes intituladas "Alianças mortíferas na família" e "Alianças mortíferas na política".

Amnéris Maroni convoca o leitor e a leitora à reflexão sobre as forças centrípetas do Um, bem como às possibilidades exíguas de fuga.

Porém, há uma presença que conecta as três primeiras partes, "Alianças mortíferas entre mães e filhas", "Alianças mortíferas na família" e "Alianças mortíferas na política": trata-se da presença do Outro indígena e amefricano[75] no interior das casas de mulheres e homens brancos. Essa presença tem, em particular, ressonância com a antropologia do Brasil dedicada ao estudo do vínculo da Casa Grande com a Senzala, que foi, para alguns autores do início do século XX, relação de harmonização dos contrários na sociedade brasileira, através da sua intimidade.

O livro *O Terror de Ser Deixada* se opõe à tese freyreana,[76] que abre espaço para a interpretação do equilíbrio entre contrários produzido na intimidade da Casa Grande, através de filiação promovida por diversos abusos, inclusive pela violência sexual. Em "Alianças mortíferas na política", encontramos um olhar crítico de Amnéris Maroni similar àquele dirigido à tese da experiência luso-brasileira, de influência maometana, enquanto capaz de oferecer um modelo de convívio e tolerância no interior do engenho.

75. O termo é discutido por Lélia Gonzalez no ensaio "A categoria político-cultural de amefricanidade", presente em *Por um feminismo afro-latino-americano* (2020).

76. Gilberto Freyre é alvo da crítica antirracista, especialmente a dos movimentos sociais, dirigida à Sociologia e à Antropologia brasileiras. Porque a sua obra *Casa Grande e Senzala: formação da família brasileira sob o regime da economia patriarcal* (1933/1995) garantiu aos conservadores um ensaio saudosista do Brasil da "harmonização dos antagonismos de raça", a partir de sua visão do engenho, sem o devido tratamento crítico das relações de violência e dominação.

Ao contrário disso, o engenho é retratado como um centro de desumanização generalizada. A crítica será dirigida também ao "Sonho Americano" e aos Estados Unidos da América, em contexto pós-colonial.

Em "Alianças libertárias", O livro *O Terror de Ser Deixada* oblitera as casas da filiação patriarcal, as casas dos olhares voltados ao patriarca, as casas das díades mãe-filha, de pais psicóticos moralistas e perversos, do Um que aliena as estéticas plurais. Em ressonância com a antropologia política, Bacurau é um povoado contra o Estado, no sentido clastreano[77] – contra a dissolução da diferença no Um.

Bacurau não é uma comunidade organizada por uma estrutura patriarcal, protagonizada por chefes de família que protegem a descendência contra o exterior em redes de alianças entre famílias, através da filiação patriarcal cruzada. A respeito dessa filiação, Bacurau é anti-filiação.

Ali, a intromissão da diferença ocorre através da aliança constituída na guerra pela multiplicidade. Como se Bacurau fosse um centro de irradiação, com os seus modos dispersivos de existir, modos inclusive incorporais, espirituais – como a violência ancestral da qual Lunga é portador.

77. O antropólogo Pierre Clastres publicou um ensaio intitulado "Sociedade contra o Estado" (1974/2003) e discutiu como os povos ameríndios possuíam mecanismos próprios para evitar a emergência do poder coercitivo, do Um, do Estado no interior de suas sociedades. O antropólogo Eduardo Viveiros de Castro (2015) sustenta, a partir das etnografias sul-americanas e por meio de uma crítica/invenção conceitual que encontrou na companhia das obras de Deleuze e Guattari, que ali a afinidade pertence à guerra.

Quando se atualiza, Bacurau já diferiu de si mesma, atualizou-se na guerra contra a aliança americanos-paulistas-prefeito. Das memórias do centro cultural de Bacurau, as armas saltam das paredes para as mãos e para os corpos dos guerreiros de Lunga que se espiritualizam, em uma utopia virtual e brasileira.

Embora Balram Halwai seja personagem indiano e exterior a Bacurau, ele ressoa a "máquina de guerra utópica", através da escuta de Amnéris Maroni. Balram deseja sair do calabouço-galinheiro (metáfora da servidão), ele se arrisca, cultiva em si o desejo de liberdade. A sua fuga da cascata de servidão é ativada na troca de olhares com o tigre branco, indutor da transfiguração do desejo de servir em desejo por liberdade. Após uma série de atos ilícitos e um homicídio, Balram escapa do calabouço-galinheiro e buscará, então, novas alianças com outros "tigres brancos", afirmando o outro na sua potência desejante. A partir da leitura singular de Amnéris, saímos do galinheiro com Balram e guerreamos em Bacurau ao lado de Lunga!

O livro *O Terror de Ser Deixada* encontra ressonância na antropologia política e apresenta uma guerra pela multiplicidade. Contrastando com as alianças mortíferas, as autoras nos presenteiam com um elogio às estéticas libertárias e um convite a um diálogo anti-filiativo da antropologia com a psicanálise.

O terror é o Um.

Referências

ABRAHAM, N.; TOROK, M. "O cadáver saboroso." In: **A casca e o núcleo**. São Paulo: Ed. Escuta, 1995.

ABRAM, J. **A linguagem de Winnicott**. Rio de Janeiro: Revinter, 2000.

ARENDT, H. **A vida do espírito**. O pensar. O querer. O julgar. Rio de Janeiro: Relume Dumará, Ed. UFRJ, 1992.

ARTAUD, A. "Cahiers de Belgique, n. 8, out 1928." In: ARTAUD, **Linguagem e Vida**. Tradução de Jacob Guinsburg; Silvia Fernandes Telesi e Antonio Mercado Neto (orgs.). São Paulo: Perspectiva, 1995, p. 179.

______. **Linguagem e vida**. Tradução de Jacob Guinsburg; Silvia Fernandes Telesi e Antonio Mercado Neto (orgs.). São Paulo: Perspectiva, 1995.

AYRAL-CLAUSE, O. **Camille Claudel**: sa vie. Paris: Éditions Hazan, 2008.

BALINT, M. **A falha básica**: aspectos terapêuticos da regressão. Porto Alegre: Artes Médicas, 1993.

BÁRÁNY, J. "Convivendo com o perigo." In: **Psique**. Ano IX, n. 117, 2015.

BAUMAN, Z. **Modernidade e ambivalência**. Rio de Janeiro: Jorge Zahar, 1999.

BEAUVOIR, S. de. **O segundo sexo**, vols. I, II. Sérgio Milliet (trad.). Rio de Janeiro: Nova Fronteira, 1980.

BION, W.R. "Uma teoria sobre o pensar", "Diferenciação entre a personalidade psicótica e a personalidade não-psicótica" e "Ataques à ligação". In: **Estudos Psicanalíticos Revisados** *(Second Thoughts)*. Rio de Janeiro: Imago, 1994.

BOÉTIE, Ettiénne de La. **Discurso da servidão voluntária**. São Paulo: Martin Claret, 2010.

BOLLAS, C. **A questão infinita**. Porto Alegre: Artmed, 2012.

______. **Catch Them Before They Fall**: The Psychoanalysis of Breakdown. Londres/Nova York: Routledge, 2013.

______. **Hysteria**. Tradução de Monica Seincman. São Paulo: Escuta, 2000.

______. **A sombra do objeto**: psicanálise do conhecido não pensado. Tradução de Fátima Marques. São Paulo: Escuta, 2015.

______. **Forças do destino**: psicanálise e idioma humano. Rio de Janeiro: Imago, 1992.

______. **O momento freudiano**. São Paulo: Roca, 2013.

______. "Pulsional impiedoso e receptividade materna". In: **Revista Percurso**, São Paulo, v. 1, n. 20, 1998, p. 138.

______. **Sendo um personagem**. Tradução de Suzana Carvalho. Rio de Janeiro: Revinter, 1998.

______. "Personagem e Interformalidade." In: **The Christopher Bollas Reader**. Tradução de Lirácio Júnior. Londres/Nova York: Routledge, 2011.

______. "Extractive introjection." In: **The Shadow of the object** – Psychoanalysis of the Unthought Known. Nova York: Columbia University, 1987.

______. **Forces of Destiny** – psychoanalysis and human idiom. Londres: Free Association Books, 1989.

______."Introjeção extrativa." In: **A sombra do objeto** (Psicanálise do conhecido não pensado). São Paulo: Escuta, 2015.

______. "O estado da mente fascista." In: **Sendo um personagem**. Rio de Janeiro: Ed. Revinter, 1998.

BONG, J-H. **Parasita**. Coreia do Sul: Pandora Filmes, 2019. 1 DVD (132 min).

BUTLER, J. **Corpos que importam**. Tradução de Veronica Daminelli e Daniel Yago Françoli. São Paulo: N-1 Edições, Crocodilo Edições, 2019.

CARROZZINI, G. "Simondon e Jung: un confronto." In: CARROZZINI, G. **Gilbert Simondon** – per un'assiomatica dei saperi: dall'ontologia dell'individuo alla filosofia della tecnologia. Lecce, Itália: Manni Editori, 2006, p. 144-149.

CENTRO DOCUMENTAL BLEST. **Cantores que reflexionan**. Conversación con Gilbert Favre. 7 fev 2002. Disponível em: <http://www.blest.eu/biblio/rodriguez/cap18.html≥. Acesso em: 30 mai 2016.

CHABOT, P. "Simondon et la psychologie des profondeurs." In: **La Philosophie de Simondon**. Paris: J. Vrin, 2002, p. 109-122.

CIEPLY, M. "Meryl Streep dá medo como mãe horrível do filme 'Álbum de Família.'" In: *Folha de S. Paulo*/Ilustrada, 27 dez 2013. Disponível em: <http://www1.folha.uol.com.br/ilustrada/2013/12/1390237-meryl-streep-da-medo-como-mae-horrivel-do-filme-album-de-familia.shtml>. Acesso em: 13 mar 2014.

CINTRA, E. U.; FIGUEIREDO, L. C. M. "Lendo André Green." In: CARDOSO, M. R. **Limites**. São Paulo: Escuta, 2004.

CLASTRES, Pierre. **A sociedade contra o Estado**. Rio de Janeiro: Francisco Alves, 1978.

CLASTRES, P. **A sociedade contra o Estado** (investigações de antropologia política). São Paulo: Cosac & Naify, 2003.

DUNKER, C. I. L. "Perversão nossa de cada dia." In: **Cult**, n. 144, mar 2010.

______. (7 nov 2019). **Desejo em cena: Bacurau** [vídeo]. 7 nov 2019. Disponível em: <https://www.youtube.com/watch?v=taMTnqNBFSc>. Acesso em: 8 fev 2021.

ESPOSITO, R. **As pessoas e as coisas**. ***São Paulo: Rafael Copetti, 2016.***

FIGUEIREDO, L. C.; TAMBURRINO, G.; RIBEIRO, M. "As duas atitudes primordiais na história das relações objetais: ocnofilia e filobatismo." In: **Balint em sete lições**. São Paulo: Escuta, 2012.

FREYRE, G. **Casa-grande e senzala**: formação da família brasileira sob o regime da economia patriarcal. Rio de Janeiro: Record, 1995.

GIACÓIA JR.,. O. **Heidegger urgente** – Introdução a um novo pensar. São Paulo: Três Estrelas, 2013.

GONZALEZ, Lélia. **Por um feminismo afro-latino-americano**: ensaios, intervenções e diálogos. Organização de Flávia Rios e Márcia Lima. Rio de Janeiro: Zahar, 2020.

GOURDIN, H. **Adèle, l'autre fille de Victor Hugo**. Paris: Ramsay, 2003.

HARE, R. **Sem Consciência** – O mundo perturbador dos psicopatas que vivem entre nós. Porto Alegre: Artmed, 2013.

HOBBES, T. **Leviatã**. Tradução de Eunice Ostrenky. São Paulo: Martins Fontes, (1651) 2003.

JUCÁ, B. "Silvero Pereira: 'Há uma revolução LGBT+ no sertão.'" In: **El País**, 2019. Disponível em: <https://brasil.elpais.com/brasil/2019/09/23/cultura/1569265659_610072.html>. Acesso em: 8 fev 2021.

JUNG, C. G. **The Collected Works**. Hull, R. F. C. (trad.). Read, H.; Fordham, M.; Adler, G.; McGuire, W. (eds.). Bollingen Series XX, 22 vols. Londres: Routledge & Kegan Paul, 1953.

______. "Sizígia: anima e animus." In: **Aión** – Estudos sobre o simbolismo do si mesmo. Petrópolis: Vozes, 1982, p. 28.

______. **C. G. Jung Letters.** Gehard Adler e Aniela Jaffé (eds.), R. F. C. Hull (trad.). Londres: Routledge & Kegan Paul, v. 2, p. 283.

KAËS, R. **As alianças inconscientes**. Tradução de José Luiz Cazarotto. São Paulo: Ideias & Letras, 2014.

LEVI, Primo. *É isto um homem?* Rio de Janeiro: Ed. Rocco, 1988.

LÉVI-STRAUSS, C. **As estruturas elementares do parentesco**. Petrópolis, RJ: Vozes, (1949) 1982.

MARONI, Amnéris. **Mente fascista.** In: *Jornal de Psicanálise* da SBPSP, 2019. Disponível em: <www.porquebollasblog.wordpress.com>

MBEMBE, A. **Necropolítica**. ***São Paulo: N-1 Edições, 2020.***

______. **Crítica da razão negra**. ***São Paulo: Editora N-1, 2020.***

MELVILLE, H. **Bartleby, o escrevente** – Uma história de Wall Street. São Paulo: Editora Autêntica, 2015.

MENDONÇA FILHO, K.; DORNELLES, J. **Bacurau.** Brasil: Vitrine Filmes, 2019. 1 DVD (132 min.).

MOHLER, C. E. "Nostalgia, Irony, and the Re-emergence of the Reified American Indian Other in *August: Osage County*." In GOUNARIDOU, K. (ed.). **Text & Presentation 2010**. Jefferson, NC: McFarland, 2010, p. 133.

MORGENSTERN, A. **Perseu, Medusa e Camille Claudel**: sobre experiência de captura estética. São Paulo: Ateliê Editorial, 2009.

NETTLETON, S. **A metapsicologia de Christopher Bollas**: uma introdução. Tradução de Lirácio Júnior. São Paulo: Escuta, 2018.

NUNES, R. "Bacurau não é sobre o presente, mas o futuro." **El País**, 6 out 2019. Disponível em: <https://brasil.elpais.com/brasil/2019/10/05/cultura/1570306373_739263.html>. Acesso em: 8 jan 2021.

OLIVEIRA, A. "Vencedor de Sundance 2012, 'Violeta Foi para o Céu' retrata cantora e artista plástica chilena." **UOL**, 7 jun 2012. Disponível em: <https://cinema.uol.com.br/noticias/reuters/2012/06/06/vencedor-de-sundance-2012-violeta-foi-para-o-ceu-retrata-cantora-e-artista-plastica-chilena.htm>. Acesso em: 24 mar 2021.

PARRA, Á. **Violeta foi para o céu.** Lisboa: Chiado Editora, 2011.

PELBART, P. P. **O avesso do niilismo**: cartografias do

esgotamento. São Paulo: N-1 Edições, 2015.

PHILLIPS, T. **Coringa**. Estados Unidos: DC Films, 2015. 1 DVD (135 min.).

ROUSSEAU, J-J. **Do contrato social**. Tradução de L. S. Machado. Coleção Os Pensadores. São Paulo: Nova Cultural, (1762) 1987.

SANTOS, L. G. dos. **Viva a morte!** São Paulo: N-1 Edições, 2019.

SAPIENZA, A. "Uma leitura psicanalítica de Bion: cinco tópicos clínicos." **Revista Brasileira de Psicanálise**, 26(3), 1992, p. 301-312.

SCOTT, D. **Gilbert Simondon's psychic and collective individuation**: a critical introduction and guide. Edinburgh: Edinburgh University Press, 2014.

SEARLES. H. F. "O esforço para enlouquecer o outro: um elemento na etiologia e na psicoterapia da esquizofrenia." In: VELHO, G.; FIGUEIRA, S. A. (orgs.). **Família, psicologia e sociedade**. Rio de Janeiro: Editora Campus, 1981, p. 67.

SEGAL, H. "Notes on symbol formation." **International Journal of Psychoanalysis**, 6(38), 1957, p. 391-397.

SILVA, A. B. B. **Mentes perigosas** – O psicopata mora ao lado. São Paulo: Editora Fontanar, 2008.

SIMONDON, G. **A individuação à luz das noções de forma e informação**. Ponciano Aragon, L. E.; Ivo, G. (trads.). São Paulo: Editora 34, 2020.

______. "Forma, informação e potenciais." In: **A individuação à luz das noções de forma e de informação**. Tradução L. E. Aragon, G. Ivo. Rio de Janeiro: Editora 34, 2020, p. 573-609.

SOUZA, Jessé (2017). "A escravidão é nosso berço." In: **A elite do atraso** – Da escravidão à Lava Jato. Rio de Janeiro: Leya, 2017.

Time Out. "Emma Watson can't save this unconvincing drama based on a real life religious cult." 2016. Disponível em

<https://www.timeout.com/london/film/the-colony-2015>. Acesso em: 27 abr 2020.

The Guardian. "The Colony Review – Implausible exposé of Pinochet-era horrors." 2016. Disponível em: <https://www.theguardian.com/film/2016/jun/30/the-colony-review-pinochet-horrors-chile>. Acesso em: 27 abr 2020.

TOROK, M. "Doença do luto e fantasia do cadáver saboroso." 1968. In: ABRAHAM, N.; TOROK, M. (1995). **A casca e o núcleo**. São Paulo: Escuta, 1995.

TORRERO, S. (2013). "Un pajarito al que se le cansó el cuerpo." In: **El espectador imaginario**, n. 45, set 2013. Disponível em: <http://www.elespectadorimaginario.com/violeta-se-fue-los-cielos/> Acesso em: 30 mai 2016.

VIVEIROS DE CASTRO, E. **Metafísicas canibais**. São Paulo: Cosac Naify, 2015.

______. "Involuntários da pátria." In: **Cadernos de Leitura**, nº 65, Série Intempestiva. Belo Horizonte: Edições Chão da Feira, 2017.

WEIL, S. **A gravidade e a graça**. Martins Fontes: São Paulo, 1993.

WOLFF, A.; CARVALHO, C.V. de; COSTA, P.J. "A psicose do cotidiano: algumas contribuições de W.R. Bion para pensar a clínica contemporânea." In: V Congresso Internacional de Psicologia (CIPSI), 2012, Maringá (PR). **Anais**... Maringá, PR: Universidade Estadual de Maringá, 2012.

WINNICOTT, D. W. **O brincar e a realidade**. Rio de Janeiro: Imago, 1975.

______. **Os bebês e suas mães**. São Paulo: Martins Fontes, 2006.

Sobre as Autoras

Amnéris Maroni é psicoterapeuta e professora no Departamento de Antropologia da Unicamp. Bacura-se permanentemente e convoca todos ao seu redor a se bacurar.

Fabiana Lara é psicóloga, mulher, mãe, feminista e animista. Exerce a psicologia clínica como micropolítica, a partir de uma perspectiva plural, contemporânea e viva.

Thaís Leão é psicanalista, astróloga e feminista. A fim de pensar e fazer viver novas possibilidades existenciais, vale-se da escuta do corpo e dos afetos para "ver, rever e transver o mundo".

contato@sattvaeditora.com.br
www.sattvaeditora.com.br